S·E·T·E

La ricerca della sorgente

SARA LOFFREDI

S·E·T·E

LA RICERCA DELLA SORGENTE

Rizzoli

Pubblicato per

Rizzoli

da Mondadori Libri S.p.A.

Pubblicato in accordo con Grandi & Associati, Milano
Prima edizione: febbraio 2023

ISBN 978-88-17-17427-5

Realizzazione editoriale: Librofficina

Alla mendicante e all'imperatrice

Sii dolce con me. Sii gentile.
È breve il tempo che resta. Poi
saremo scie luminosissime.
E quanta nostalgia avremo
dell'umano. Come ora ne
abbiamo dell'infinità.
MARIANGELA GUALTIERI

È per smaltire un carico di nostalgia
che sei andato tanto lontano!
ITALO CALVINO, *Le città invisibili*

PROLOGO

La sete indurisce la terra e la sbriciola come pane raffermo, cotto dal fuoco che ha sciolto i ghiacci e privilegiato il deserto. Il pianeta boccheggia: hanno sete la roccia, la polvere e le nubi svuotate del cielo; hanno sete gli uomini, ammassati nelle poche zone vivibili, appollaiati in città che si espandono per centinaia di chilometri senza inizio né fine, o isolati in comunità che tentano di arginare l'inevitabile.

I numeri fanno parte delle poche certezze: l'anno è il 2055, anche se tenere il conto dei giorni non ha molto senso da quando non c'è più un orizzonte. Ieri, bastava immaginare: gli scienziati – uomini dei miracoli – correggevano gli errori genetici, nessuno si ammalava più e la vita eterna era a un passo.

Oggi, la realtà è che l'acqua di sorgente può durare ancora pochi anni, meno delle dita di una mano. La natura si è presa la sua rivincita e i viventi non possono fare altro che aspettare, maneggiando un presente che è l'unica cosa che possiedono: è sempre stato così, a pensarci bene, eppure nessuno ci credeva davvero.

È il diluvio asciutto. Chi non regge se ne va prima degli altri. Chi rimane si concentra sul passo successivo. Qualcuno prega per la pioggia, qualcuno alimenta la paura, qualcuno si stringe agli altri per non rimanere solo.

E c'è chi costruisce un'Arca.

SRAM

1

La creatura guarda Alma con occhi liquidi mentre fa dondolare la coda, fune morbida che termina in un ciuffo di peli più lunghi.

Quell'ondeggiare allontana gli insetti che le girano intorno come satelliti, zampettando irritanti sul manto ruvido e scuro: si sollevano in volo quando il movimento li sfiora, tornano a posarsi appena il pericolo è passato. Dimenticano e ricominciano. Come tutti.

Anche Byzan è invasa dagli insetti, Alma lo sa bene. Nella sua città resistono più di ogni altro essere vivente all'atmosfera infuocata e abitano le strade, le fondamenta, i cunicoli interrati delle case del vecchio secolo.

Quando ha dormito in uno scantinato dai muri scrostati, la luna filtrava dalle grate e illuminava il dorso nero degli scarafaggi, rendendoli piccole e mobili pietre lucenti; nella villa dai soffitti alti e la piscina gonfia di rifiuti, in cui si è spostata dopo, erano invece vermi bianchi e sottili a risalire ogni notte le tubature asciutte.

Anni prima il mondo era suddiviso in luoghi destinati ai poveri e in luoghi riservati ai ricchi: ora sono tutti relitti indistinti, invasi da esseri ostinati e repellenti.

La creatura è molto grossa. Alma l'ha già vista negli ologrammi ma la realtà è diversa, occupa lo spazio in maniera più densa; lo satura, riempiendolo fino all'orlo, essendo permanente o fingendo di esserlo. Per farla cessare serve un'energia di senso opposto, la volontà di distruggere ciò che vive: la realtà non scompare come fa un'immagine, grazie al gesto della mano a mezz'aria. Esiste.

«Si chiama Ka.»

Luna le si avvicina da dietro, come una voce senza corpo. Eppure il corpo ce l'ha, anche se etereo, con braccia magre e pelle bianco latte, impermeabile ai raggi roventi del sole. Alma la sente arrivare ma non si volta, così la bambina resta un passo indietro e le fissa le spalle, memorizzando il suo modo di tenerle chiuse per difendersi dai colpi del mondo.

«Il nome l'hanno scelto Abe e Gea» aggiunge, mentre fa un passo e le si mette di fianco. «Come quelli delle altre.»

Fa un gesto che comprende le poche mucche della stalla, sfiancate dal calore. Poi guarda Alma da sotto in su. "Quanti anni avrà?" si chiede. La osserva da quando è arrivata. Sembra così grande, eppure è come se fosse piccola, minuscola, perché non sa niente di come funzionano le cose lì nello Sram. Tocca a Luna, dal basso dei suoi dieci anni, spiegarle quel mondo, ma non ha molto tempo. Deve trovare le parole giuste perché quella ragazza che sembra sempre triste si fidi di lei, il prima possibile.

Ka emette un verso e le sue simili la seguono – alcune in piedi sulle zampe ossute, altre sdraiate sulla poca paglia sparsa sul pavimento di terra battuta –, fino a che l'aria nella stalla non si riempie di vibrazioni basse. La voce di Alma si accorda, istintivamente.

«Hanno scelto anche il tuo, di nome?»

«Credo di sì.»

In realtà Luna non lo sa, non l'ha mai chiesto ai maestri. È sempre stata diversa dagli altri abitanti dello Sram. E non solo per gli impianti visivi, ma perché i suoi genitori non sono più lì e questo fatto, prima di poter essere un dolore, è una vergogna: rimanere nella comunità è una delle regole fondamentali, come quella di far crescere i bambini dal gruppo, dono per tutti e non proprietà di chi ha dato loro un corpo. Di sua madre ricorda a malapena l'odore, perché è successo molto tempo fa. Di suo padre, invece, ricorda ogni cosa.

«Che sapore ha?»

La domanda di Alma la riporta lì.

«Cosa?»

«Il latte. Dicono che esce ancora caldo.»

Luna la fissa con i suoi occhi fondi.

«Vuoi provare?» le chiede.

C'è qualcosa in quello sguardo scuro che Alma non riesce ad afferrare. Sembra vuoto, ma al tempo stesso è come se da quei buchi neri affiorasse una luce fredda e lontana.

«Vuoi?» la incalza Luna.

Lentamente, annuisce.

La bambina prende uno sgabello con una sola gamba che pianta nel terreno, accanto al ventre dell'animale. Pulisce la seduta con la mano e poi ci si sistema, mantiene l'equilibrio spingendosi in avanti e appoggiando i piedi. Lì sotto sembra scomparire, piccola com'è.

«Prima devi prepararla» dice ad Alma, che resta in piedi accanto a lei. Fa correre avanti e indietro le piccole dita per tutta la lunghezza delle appendici. «Aspetti che le mammelle si riempiano, poi inizi.»

Luna rimane in bilico su quel trespolo instabile fino a quando non avverte che il momento è arrivato. Solo allora inizia a mungere, e il suono del liquido spremuto nel secchio di metallo fa venire sete a tutte e due, per riflesso.

Non dovrebbe farlo, lo sa bene. Nessuno può appropriarsi di una risorsa senza chiedere, a maggior ragione del latte, che è la più preziosa. Ma lo sguardo acceso della ragazza venuta da lontano le dà coraggio e una possibilità.

«Tieni.»

Le porge una tazza e Alma se la porta al naso, con un gesto istintivo che le ha salvato la vita quando viveva in strada, impedendole di avvelenarsi.

Da un giorno all'altro si era ritrovata a dover imparare molte cose, mentre altre le aveva cercate dentro di sé, scardinando la cassaforte primitiva dove gli umani conservano gli strumenti per sopravvivere. La prima notte senza una casa era crollata in un sonno nero e profondo. Eppure, scivolando all'inferno, aveva avvertito una strana pace, perché era successa la cosa che più temeva al mondo e da quel momento in poi non avrebbe avuto più paura di niente.

Alma beve a piccoli sorsi il liquido tiepido. Lo fa girare in bocca, intorno alla lingua, lo spinge sul palato prima di inghiottirlo. Non calma la sua sete incessante, forse la alimenta, ma sazia un po' la fame che le stringe lo stomaco. È bianco, morbido, denso. Le ricorda qualcosa che non riesce a mettere a fuoco.

«Ti piace?» le chiede Luna, con una trepidazione nella voce.

«Mi piace.»

«Allora vieni qui.» La bambina increspa le labbra in un sorriso. «Abbassati e apri la bocca.»

Alma è incerta. Ma quando Luna alza un capezzolo della mucca, lascia che uno zampillo di latte le finisca dritto sulla lingua e lo inghiotte tossendo. «Mi è andato di traverso» ride.

Luna dirige verso di sé un secondo fiotto di latte che le scivola sul mento, mentre il riso inaspettato di Alma accende il suo. Nessuna delle due si accorge dell'ombra all'ingresso della stalla, che si allontana senza far rumore.

2

«Perché hai munto Ka senza permesso?»

Abe non sta gridando, eppure la sua voce è udibile da tutto il Plenum e il suo tono suona duro. È un uomo possente anche da seduto, con i capelli arrotolati in una crocchia sulla sommità della testa e la barba che gli arriva al petto.

Edward non riesce a smettere di fissarlo, perché non conosce altri uomini con peli così lunghi. Quando era piccolo, una delle prime cose che gli aveva insegnato il nonno era stata come accorciarsi da solo la massa crespa che gli cresceva in testa, eredità dell'Africa e di un passato di cui nessuno parlava più.

Luna tiene gli occhi bassi, sa di essere in torto. Eppure non si pente di ciò che ha fatto. L'arrivo dei due stranieri da Byzan per cercarla – proprio lei, tra tutti – le ha acceso in petto un'elettricità strana, che la spinge a infrangere la legge della comunità. Ha sentito ripetere tante volte che le regole sono l'unico rimedio al caos infernale del mondo, ma quell'ordine inizia a stringerle le caviglie con troppa forza.

«Ti ho fatto una domanda» insiste Abe.

Lui e Gea, i maestri, siedono al centro; Luna è lì davanti, in piedi. Nel cerchio che si chiude intorno a loro sono seduti gli ispiratori, la decina di individui che ha il controllo su ogni aspetto dello Sram: il dissodamento del terreno, la cura delle mucche, la semina, i cicli lunari, i riti. E l'acqua, ovviamente. Uno di loro pensa a quella sorgiva, consegnata alla comunità ogni settimana con i razionamenti. Un altro è assegnato alla piovana e gestisce il sistema di cisterne usate per raccoglierla.

Tutto intorno, in cerchi concentrici che si allargano sul terreno, siedono gli altri abitanti, ammassati su panche di legno sotto la luce della luna. Alma e Edward hanno udito la campana del Plenum e ora si ritrovano stretti tra due ragazzini che si tirano le gomitate e una donna anziana, i cui occhi cotti dal sole riescono ad aprirsi appena, pur nel buio della tarda sera.

«Devo andare da lei.»

Quando Alma prova ad alzarsi, Edward le posa una mano sul braccio.

«Aspetta.»

Ha dita calde e ferme, ma lei se ne libera in fretta.

«Vogliono farle del male.»

Lui abbassa il tono. «Aspetta» ripete.

«Senti.» Alma tiene a bada la voce. «Le ho chiesto io il latte, non è colpa sua.»

«Calmati. Sanno che è connessa. Non può succederle niente.»

«Ne sei sicuro?»

L'otto, il due, l'undici. Quando Edward li lascia arrivare, chiudendo gli occhi e calmando la mente, i numeri portano con sé la chiarezza del gesto da compiere. Adesso, per esempio, sa di dover aspettare, anche se di certo non gli piace essere lì e non gli piace nemmeno il tono con cui l'uomo sta parlando alla bambina. I numeri sono arrivati da lui la notte in cui ha conosciuto Alma: il nonno era ancora vivo e lei era solo una vagabonda dalla giacca rossa strappata sul fianco, comparsa una sera d'inverno a svegliare il suo sonno di ragazzino. Sono già passati tre anni da quel momento ed è quasi un uomo, ormai. Ha dovuto crescere in fretta.

«Mi dispiace.» La voce della bambina è pulita, cristallina. Guarda i maestri. «Non dovevo farlo.»

Gli occhi castani di Gea sono laghi vasti e calmi. È una donna dall'età indefinibile, con profonde rughe sul volto. Luna non ha paura di lei, in realtà non ha paura neppure di Abe, anche se sa che in questo momento è molto arrabbiato. È connessa, ha ragione Edward. Benché il mondo fuori da lì non ci creda, dentro di lei c'è un canale che permette il passaggio con Oltre, il luogo sacro che vive oltre quello visibile, abitato da creature che la comunità ha scelto come guide: lo Sram non si può permettere di perderla.

«Spegneremo i tuoi impianti visivi per qualche giorno.»

La voce di Abe è uno schiaffo in faccia. «Questo ti darà modo di riflettere.»

Dal fondo del Plenum si alza un brusio.

Gea guarda Abe. Nei suoi occhi passa un velo di contrarietà, ma rimane in silenzio. Luna, invece, non cambia espressione. Avrà il buio per un po'. Le è già successo un paio di volte, può sopportarlo.

Nello Sram la rete va ormai a singhiozzo e qualche mese prima la bambina ha dovuto disinstallare l'aumentatore di significato, perdendo tutte le informazioni che integravano la sua visione. Gli impianti ottici non hanno funzionato per un'ora e c'è stato il buio. Lei si è sdraiata aspettando solo che il tempo passasse.

«Vigliacchi.»

Alma in due balzi si è fatta largo tra gli ispiratori fermandosi al centro del cerchio, con lo sguardo nero e infuocato piantato negli occhi di Abe.

«Prendetevela con me, non con una bambina cieca.»

Ha ventun anni ma sembra una ragazzina, con i capelli scuri tagliati corti e quel corpo nervoso e senza forme. Si avvicina a Luna tendendole la mano, così la piccola si alza e si aggancia alle sue dita, che stringe forte.

«Siete matti veri.»

Sente decine di occhi puntati addosso, bollenti come frecce nella schiena. L'unico suono che rompe il silenzio è quello degli alberi che si agitano nell'ombra, mossi dal vento caldo che scuote i rami stenti.

Un attimo dopo Edward è al suo fianco. Supera Alma

in altezza di almeno una spanna, pur avendo quattro anni in meno. I suoi occhi verdi affiorano come luci subacquee dalla pelle scura. Annusa l'aria, tenta di capire come disinnescare la situazione critica, raffreddando il moto eccitato degli atomi che sta per causare una reazione a catena. «Cerchiamo di stare calmi.»

«Voi qui siete ospiti» tuona Abe, sollevandosi con un unico movimento fluido, come se non facesse la minima fatica a modificare la posizione del suo corpo nello spazio circostante. A quel cenno, l'intera assemblea si mette in piedi.

«Ospiti graditi, ovviamente» aggiunge Gea, facendo un passo in avanti e sfiorando il braccio di Abe. La tensione riempie l'aria.

«Non mi sembra» sibila Alma.

«Apprezziamo la vostra ospitalità» interviene Edward, afferrandole un braccio. Sente la rabbia di lei farsi cosa viva sotto la pelle, pronta a scattare e a prendere corpo, e usa invece un tono conciliante, mentre si guarda intorno. «Siamo arrivati all'improvviso e ci avete accolto.» Poi aggiunge: «Di questo vi siamo grati».

Vista la chiara ostilità di Abe, si rivolge a Gea. Ammorbidisce lo sguardo, cerca il contatto visivo. Lo trova e lo espande a tutti i presenti, avvolgendoli in una rete.

«Chiediamo solo che Luna non venga punita troppo severamente. Il nostro arrivo deve averla confusa. Ha confuso anche noi, in realtà.»

3

A scuola, la materia preferita di Alma era transumanesimo e la tutor diceva che era portata: le intelligenze artificiali non sanno mentire, quindi era vero.

La affascinavano in particolare le funzioni biologiche originarie. La vista, per esempio. Senza gli aumentatori di campo e i cristallini bionici, come lavoravano davvero gli occhi di un uomo? All'inizio immaginava fossero una sorgente video che registra tutto quello che le passa davanti, miliardi di dati al secondo. E invece aveva scoperto che è il cervello, in realtà, a vedere: lì si forma l'immagine che viene proposta agli occhi, come l'anteprima di un file. "È ancora così?" chiede la mente, quando il corpo entra in una stanza già vista, proponendo un ricordo depositato in memoria. "Qui dovrebbe esserci un tavolo, qui una finestra." Gli occhi cercano le differenze e mandano un segnale quando le trovano. In fondo vediamo qualcosa solo la prima volta, poi non facciamo che immaginarla.

«Quando te li hanno messi?» chiede.

Luna è seduta sul suo letto con la schiena appoggiata alla parete e le gambe raggomitolate al petto. «Ero molto piccola.»

«Ti ricordi del prima?»

«No.»

Hanno ottenuto che rimanga al buio solo un giorno e una notte. E di poter stare con lei per tutto il tempo. Per questo sono lì adesso, nel dormitorio vuoto, immersi nella luce del mattino che tra poco inizierà ad arroventarsi. Ci sono riusciti perché la comunità dello Sram, sul finire del Plenum, era inquieta: considerava la punizione troppo severa per una bambina di dieci anni, per di più Luna, creatura amorevole con tutti, l'unica ancora connessa. Edward ne ha approfittato per fare le sue richieste e Abe non poteva ancorarsi alla rigidità, avrebbe perso potere.

Un giorno e una notte, non di meno, non di più.

«Mi sembra strano» riflette il ragazzo, seduto per terra, passandosi una mano sui capelli ispidi.

«Cosa?» gli abbaia Alma.

È ancora arrabbiata, anche se sa che la sua è stata la tattica più giusta. Lei avrebbe aggredito quei matti senza pensarci un attimo.

Allora lui si rivolge a Luna: «Mi sembra strano che te li abbiano messi loro, non credo che ci sia qualcuno in grado di farlo, qui. E in più è gente che torna alla terra, alla natura o a chissà cos'altro. Usano l'acqua, il bene più prezioso, per far sopravvivere animali destinati a morire. Non credo apprezzino cose come gli impianti».

La bambina è immersa nel buio da ore e inizia a fare fatica, anche se Alma è seduta sul materasso accanto a lei. È più difficile rispetto alle altre volte, perché il tempo è più lungo. Il suo scorrere è un inganno, lo sa bene, ma è un inganno che va gestito.

«Infatti non sono stati loro» dice, con un po' di tristezza nella voce.

Ad Alma sembra ragionevole: questi passano la vita a zappare il terreno arido, illudendosi che possa durare, quando il tempo sta scadendo per tutti. A Byzan ne aveva conosciuti un paio, che si riunivano ogni sera lungo il canale ormai in secca per pregare a occhi chiusi. Stavano così immobili che ti veniva voglia di buttarli dentro ai vapori velenosi che salivano dal fondo, per vedere se sarebbero rimasti sassi fino a soffocare. Quando poi era stata accolta a casa dell'Ammiraglio, lui provava a farla ragionare sui diversi modi di vivere, ma Alma faceva fuoco e fiamme la maggior parte delle volte.

«È stato mio padre» continua Luna quasi sussurrando, mentre la sua voce si perde nel buio assoluto, senza confini o riferimenti, «prima di andare via.»

Edward e Alma si guardano: non sanno molte cose di Luna, e nemmeno l'uno dell'altra, in realtà. Sono stati trascinati lì da un'idea, da una speranza, dalla sensazione di riconoscersi a vicenda e da qualcosa che non si spiegano del tutto. Un'urgenza, ecco. Quello, più di ogni altra cosa. Ma non hanno ancora il quadro chiaro, così si limitano a fare un passo ogni giorno, a mettere un piede davanti all'altro nella direzione che sembra a entrambi quella giusta. A volte capita loro di vagare nel buio, come Luna in questo momento.

Alma prende la mano della bambina, sente le ossa di uccellino sotto le dita, le tocca piano le nocche. «Credevo che nello Sram non esistessero i genitori.»

Luna sorride inaspettatamente, così d'improvviso la stanza si fa più leggera, e con lei l'incertezza. «Certo che esistono!»

Edward guarda quei piccoli denti bianchi come perle. Devono farsi più forti e affilati, per sopravvivere.

«I genitori creano il corpo» continua Luna. «Il contenitore.»

«E i tuoi, li ricordi?» chiede Edward.

Il buio morde la bambina, adesso. Il silenzio nel dormitorio le sembra definitivo, come se gli altri, anziché fuori a occuparsi dell'orto, del bestiame, fossero stati inghiottiti da una voragine della Terra, per sempre.

«I ricordi non servono a niente» sbotta all'improvviso. «E i genitori creano solo il contenitore, te l'ho già detto.»

Non sorride più, così Alma le si mette più vicina e la piccola appoggia la testa sulle sue ginocchia. Si abbandona, bambola svuotata di ogni forza: non sente la connessione e questo la atterrisce. Forse, se non vede, non è più un canale utile. L'ansia le prende la gola e le mani di Alma che le accarezzano i capelli non riescono a snodarle i pensieri.

4

«Il meglio è nemico del bene» era una delle frasi che al nonno di Edward piaceva ripetere, ma lui non l'aveva mai capita fino in fondo. Una sera di tre anni prima, le mani di entrambi si muovevano in sincrono sul banco da lavoro nel garage.

«Mi ripeti sempre di fare del mio meglio» aveva detto il ragazzo.

«Infatti.»

«Ma se il meglio è nemico del bene vuol dire che è sbagliato.»

«Non ho detto questo.»

«E allora che hai detto?»

«Una cosa diversa.»

«Mmm. Sentiamo.»

L'anziano aveva appoggiato il saldatore sul piano di legno – facendo attenzione che la punta rimanesse sollevata – e aveva teso l'orecchio.

«Sst.»

«Cosa c'è?»

«Sst.»

Rumore di passi. Il nonno aveva spento le luci e attivato la basculante automatica con un unico gesto della mano. Erano usciti, nell'aria della sera impastata al chiarore liquido della luna. Raggomitolata con le ginocchia al petto, seduta sul muro basso a lato del garage, c'era lei.

Li aveva sentiti, ma non si era mossa.

Il nonno si era avvicinato per primo e la ragazza aveva alzato gli occhi, senza dire niente. Portava con sé uno zaino sporco e addosso aveva una giacca rossa strappata sul fianco, come se si fosse impigliata scappando da qualcuno, o da qualcosa.

«Hai bisogno di aiuto?»

Aveva scosso la testa, tornando a guardarsi i piedi. Il nonno le era andato ancora più vicino, lentamente per non spaventarla, usando un tono di voce che a Edward aveva ricordato le storie che gli raccontava da piccolo, prima di dormire; storie sul fiume che attraversava il suo Paese lontano, dove si abbeveravano le zebre e gli ippopotami, quando in Africa si poteva ancora vivere.

«Da dove vieni...? Hai sete...? Ti piace la cioccolata?»

La ragazza seguitava a non rispondere ma su quell'ultima parola aveva sollevato di nuovo lo sguardo, facendolo scivolare sull'uomo gentile, per poi posarlo sul ragazzino che rimaneva un passo indietro. L'aveva guardato. E con lei erano arrivati l'otto, il due, l'undici.

Una scossa aveva investito Edward da capo a piedi.

Tutte le creature del mondo giacevano in quei due crateri di vulcano, ribollenti di buio e fuoco. Una voce gridava cose incomprensibili nella sua testa e lo faceva vacillare. Chi era quella ragazza? Da dove veniva? Cosa voleva da lui? Dentro quegli occhi c'era il vento e lui si era lasciato avvolgere dai mulinelli, per un tempo che non avrebbe saputo dire. Edward si sentiva come quando, mille anni prima, si era svegliato presto per vedere il mare, in un mondo possibile e ormai lontano.

«Vado a prendere qualcosa da mangiare» aveva detto il nonno, allontanandosi. Così lui si era fatto coraggio, mentre una vertigine lo guidava in un posto che conosceva da sempre, ma non ricordava.

«Chi sei?»

La ragazza non gli toglieva quegli occhi roventi di dosso, in silenzio.

«Come... ti chiami?»

A quel punto, la voce di lei aveva aperto una porta.

«Alma.»

La mendicante, il sogno ricorrente di Edward. Una donna bellissima coperta di stracci, la pelle arsa dal sole, i piedi piagati dalle ferite della strada. Era lei, era la madre che non aveva conosciuto, era tutte le altre donne che avrebbe incontrato, se il tempo fosse stato dalla sua parte. Ma dentro alla mendicante, o forse appena dietro, in trasparenza, Edward riusciva a vedere l'imperatrice. La regina delle stelle e dei pianeti, la dea che governa il mondo e dirige i venti. L'otto, il due, l'undici.

Poi erano rimasti in silenzio.

Quando il nonno era tornato, le avevano fatto mangiare un po' di cioccolata e bere un bicchiere d'acqua piovana, a piccoli sorsi. Le avevano dato un telo termico per la notte, che Alma aveva ficcato nello zaino tutto appallottolato insieme alle pillole proteiche, quelle che danno energia a lungo termine e prendono poco spazio. Avevano cercato di convincerla a entrare nel garage, a sdraiarsi per riposare, senza successo. Il suo nome non era stato ripetuto e di altro non aveva detto nulla.

«Sei sicura che non vuoi restare?» le avevano chiesto un'ultima volta, mentre chiudeva lo zaino per poi rimetterselo in spalla. La ragazza aveva scosso la testa, ma per un attimo la sua mano si era appoggiata su quella dell'anziano che la guardava, in pensiero, lasciandogli una carezza leggera.

L'avevano fissata in silenzio, mentre si allontanava.

«Cosa farà?» aveva chiesto Edward quando Alma era scomparsa, inghiottita dalla notte di Byzan.

«Non lo so, Ed. Ma mi sembra una che sa cavarsela.»

Era stato in quel momento che il ragazzo aveva capito il senso della frase del nonno. Dopo aver fatto del tuo meglio – davvero, del tuo meglio – devi essere in grado di affidarti. Tutto andrà come deve andare.

Sarebbero passati più di due anni e mezzo prima che Edward la incontrasse di nuovo.

5

«Non la porteranno via.»

Abe cammina avanti e indietro nella sala dei vetri. È un luogo diverso dal resto dello Sram: le altre costruzioni sono in pietra, con piccole aperture sulla parete nord e scavate il più possibile nel terreno, per cercare scampo dal caldo. Il luogo della meditazione, al contrario, ha grandi vetrate illuminate dal sole, perché i maestri possano mettersi in contatto con la stella ardente e chiederle clemenza. I vetri sono schermati dai raggi ultravioletti e la primavera è appena iniziata, eppure il calore è già difficilmente sopportabile. Tra un paio di settimane saranno obbligati a coprire ogni finestra, in attesa di un nuovo autunno.

Gea non vuole farsi contagiare dalla paura di Abe; siede a gambe incrociate nell'angolo esposto a sud-est, dove la polarità magnetica negativa della mente viene stimolata dal polo sud positivo. A occhi chiusi, si concentra su un punto appena sopra la sua testa, visualizza una corrente azzurra scendere e pulire ciò che ancora non scorre.

«Non possono.» Abe parla più a sé stesso che a lei, eppure la sua voce, ingabbiata in troppi nodi, la disturba.

Per il momento Gea rimane in silenzio. Il respiro le gonfia il petto, scende nella pancia, poi risale ancora. Lei lo accompagna, si lascia cullare dal flusso incessante, dall'aria che trova il passaggio, filtra nella gola facendo rumore e riempie le cavità degli organi interni. Aria, l'unica cosa che rimane.

Abe si avvicina, sedendosi al suo fianco. Cerca di allinearsi all'energia di lei, ma è come un sasso legato a una corda che trascina entrambi in basso.

Così Gea torna presente e apre lentamente gli occhi, decisa a maneggiare l'ansia dell'uomo, ad ammorbidirla. «Non è detto che la portino via. Ma se è Oltre che lo chiede, Luna deciderà ciò che è meglio per tutti.»

«È ancora una bambina. Non sa cosa è meglio.»

La donna continua a respirare ma fatica a tenere la concentrazione. Sono mesi che non riesce più a riconoscere il suo maestro, colui che l'ha resa capace di guidare insieme a lui la comunità: le sembra d'improvviso arido, come quella terra sulla quale gli abitanti dello Sram si spezzano la schiena tutti i giorni. Dov'è andata la pace che viveva nei suoi gesti, quella che lei assorbiva anche solo standogli vicino? Il suo è un campo ormai invaso dalle erbacce, semi velenosi portati dal vento dell'età: la rabbia, scoria dell'entusiasmo; la paura, giogo dell'anima.

«Lei è connessa, Abe. È l'unica rimasta.»

«Forse.»

Gea si accende, si alza con un lampo di energia improvvisa, lo sovrasta.

«*Forse?* Hai sentito di nuovo la voce di Rubedo?»

L'uomo si rabbuia.

«No. Certo che no.»

Lei non riesce a nascondere la delusione. Per un attimo ha creduto che il passato stesse tornando, ma il passato non torna mai. Era stata una ferita per tutto lo Sram rendersi conto che il maestro non era più connesso e che l'erede designata, proprio lei, Gea, non avesse canali aperti. Poi Luna era venuta da loro a dire che faceva strani sogni. Un miracolo, ecco cosa avevano pensato. Un'altra possibilità.

«Allora, cosa intendevi?»

Abe si alza lentamente. «Lo sai cosa intendevo. In fondo non siamo sicuri che sia davvero connessa» ringhia. «Quello che ci racconta è diverso da quello che sentivo io. Magari non è la stessa voce. O forse non c'è proprio più una voce e quella ragazzina cieca racconta un sacco di bugie.»

La donna sente una fitta nel petto. Quello di Abe è un pensiero scuro, misero, che cerca di togliere valore a qualcuno che non può trattenere. Gea è ferma di fronte al maestro e per la prima volta lo vede per quello che è: un uomo come tutti gli altri. Il contraccolpo, secco dietro al collo, le mozza il respiro.

«Non è cieca.»

«Sì che lo è. La natura voleva così. È stato Corban a metterle gli impianti contro la mia volontà e poi a scappare come un ladro nella notte.»

«Era suo padre.»

«Non voglio più sentire quella parola. I genitori sono portatori di materia, niente di più. Lo sai benissimo.»

Ma Gea, a parole come quella, pensa continuamente. Lei stessa sei anni prima ha dato come dono allo Sram un bambino a cui il maestro ha messo il nome Solaris. Viene cresciuto come tutti gli altri, vive nella sezione della comunità dedicata ai piccoli e c'è una manciata di donne il cui compito è occuparsi di loro.

Da poco ha iniziato a seguire le lezioni di calcolo e scrittura, oltre a quelle dei riti e le speciali lezioni che tiene Abe, a cui Gea chiede spesso di assistere. Quando si trova davanti decine di piccoli occhi concentrati, la sua attenzione viene calamitata da quelli che ha tenuto in grembo. Non può dirlo ad alta voce, eppure se non vede Solaris trotterellare in giro per la comunità per due o tre giorni, qualcosa le duole in un punto vicino al cuore. Così nella notte va nei dormitori a cercarlo e si calma solo quando lo trova addormentato nel letto. Annusa quell'odore di latte e sudore che riconosce come proprio e si chiede cosa farebbe se, per il ruolo che le compete, fosse obbligata un domani a scegliere tra tutte quelle piccole creature. Si aggrappa alla speranza feroce che quel giorno non arrivi mai.

Abe se n'è andato in collera dalla sala dei vetri. Gea chiude gli occhi e cerca di ritrovare la concentrazione di prima, ma il pensiero del bambino torna a riempirle la mente, poi scende nel petto e lì si sfalda come frutta matura. Ha sempre detto al maestro che non era certa dell'identità del padre: nella comunità gli adulti sono liberi di soddisfare – come e con chi ritengono – la fame del corpo, non avendo strumenti per calmare la sete. Ma in realtà gli ha detto una bugia, perché per lei c'è sempre stata solo una persona, e quella persona è Abe.

6

Luna ha passato la notte nella stalla, accovacciata vicino a Ka. Oggi è il giorno designato, ma la mucca non sembra preoccuparsene, vive ogni momento senza chiedersi del successivo; l'anticipazione del dolore è caratteristica esclusiva degli esseri umani.

«Non sentirai male. Gea me l'ha promesso.»

Ka muggisce piano. Luna sa che capisce le sue parole: è una bestia possente ma ha gli occhi puliti di chi è appena venuto al mondo. Immaginarli senza vita le stringe il petto in una morsa. Sa che la sua anima sarà accolta da Oltre, ma non riesce ad accettare l'ingiustizia di una fine violenta sul piano terreno.

«Mi dispiace tanto» dice a Ka.

«Cosa, ti dispiace?»

Edward ha l'udito dei gatti e lo stesso passo silenzioso. Luna si gira e gli sorride: è un giovane uomo bellissimo, con la mente geometrica e l'anima pura. Per questo Rubedo l'ha scelto.

«Parlavo con lei» dice, mentre la mucca muove le orecchie e abbassa il collo, come per farsi accarezzare. «Verrà uccisa. Oggi.»

Il ragazzo si volta, quasi l'avessero colpito. Spera sia uno scherzo. Capisce che non lo è.

«Come? Perché?»

«Per la carne. E per il rito» risponde Luna con una voce piccola. «Qui due volte l'anno viene macellata una mucca, così gli abitanti hanno da mangiare per un po'.»

«È una cosa stupida. Allevare un animale costa più delle pillole proteiche e consuma acqua. Non ha senso.»

Sono decenni che fuori dallo Sram le proteine vengono sintetizzate dalle cellule staminali; il latte prodotto dalla fermentazione microbiotica ha lo stesso gusto di quello animale e sono in pochi a sentire la mancanza di un intruglio spremuto dalle mammelle di una bestia sporca. Per non parlare della carne: mangiare cadaveri è abitudine scomparsa da tempo. Ma la comunità è un posto diverso da tutti gli altri.

«Già.»

«E perché lo fate, allora?»

A Luna quel "voi" non piace. È vero, da lì non è mai uscita, ma i suoi sogni la portano fuori, la connessione e la voce di Rubedo le mostrano ciò che deve vedere e sa che quello non è l'unico mondo esistente. Eppure la realtà che vive quotidianamente la definisce e la forma. Deve andarsene finché è in tempo, poi i binari le stringeranno le caviglie e deragliare sarà ogni giorno più difficile.

«*Loro* lo fanno anche per il rito.»

«Quale?»

«Quello della connessione. Gli animali mantengono il canale aperto senza fatica. Far scorrere il loro sangue aiuta gli esseri umani a sentire la voce. O almeno così credono, perché in realtà qui la sento solo io.» Poi aggiunge: «E voi due, certo, ma questo gli altri non lo sanno».

Edward è disgustato. Non dice niente, perché il nonno gli ha insegnato a non giudicare le usanze diverse dalle sue. «Veniamo anche noi da lontano» gli ripeteva sempre. «Ce l'abbiamo scritto sulla pelle.» Ma uccidere è qualcosa che lui non può accettare.

«Cosa possiamo fare?» chiede a quella bambina che lo guarda attraverso gli impianti ottici e chissà come lo vede. Si dimentica che è piccola, a tratti, visto il tono adulto, il viso serio.

«Non lo so» ammette lei, mentre continua ad accarezzare il muso di Ka.

«Chiedilo a Rubedo, a Oltre, alla voce.»

Luna lo guarda da sotto in su. È stato proprio Oltre a dirle che sarebbero arrivati due ragazzi e che l'avrebbero portata via con sé. Dove, ancora non lo sa; sa solo che il suo abitare la dimensione terrena ha uno scopo e questo ha a che fare con Alma e Edward. Loro tre sono un'unica cosa, ma il ragazzo sembra ancora non averlo capito del tutto.

«È la stessa che senti tu» gli dice.

«Io non sono capace di ascoltare allo stesso modo.»

«Perché? E come fai a sapere come sento io?»

Edward rimane un po' in silenzio e Luna si morde la lingua.

Quella di Ka è enorme, la tira fuori e poi la infila nelle narici, per pulirle. Una lingua lunga un palmo! È buffa, alla bambina viene da ridere e come sempre il suo riso è contagioso. Si guardano sollevati e più leggeri, per un attimo la morte che attende nel buio non esiste più.

«A me arrivano i numeri» dice Edward, cercando di trovare le parole giuste per qualcosa che sa essere intraducibile. «Io non sento davvero una voce. Quel qualcosa mi parla attraverso le cifre, come se mi desse delle istruzioni. Un programma. E ogni volta ha un colore diverso.»

«Sì, li ho visti, i tuoi numeri» ammette Luna. «Sono arrivati a me prima che arrivassi tu.»

«Anch'io una notte ti ho visto» continua lui, fissando un punto davanti a sé. «Eri in alto, come se volassi, ed eri invasa da una luce che ti avvolgeva. Era molto bello guardarti, sembravi un angelo. Lì la voce la sentivo, ma non capivo cosa dicesse, perché parlava con te.»

Luna si sente esattamente così quando Oltre arriva da lei, invasa e assoluta, ma non le è sempre tutto chiaro, perché è piccola e ci sono delle cose che non comprende del tutto: mentre le ascolta le sembrano chiare ma poi, quando torna alla realtà, si confondono e perdono i bordi, sembrano un disegno sott'acqua.

«Rubedo non mi ha detto niente sull'uccisione di Ka» ammette. «Avrei tanto voluto che ne parlasse, ma non l'ha fatto o io non lo ricordo.»

«Uhm.» Edward si avvicina all'animale, poi guarda Luna. «Ma *loro* non lo sanno.»

7

Il coltello è stretto nella mano di Abe. L'hanno benedetto con le parole del rito, lui e Gea, dopo averlo lasciato trenta notti con la lama immersa nel terreno per fargli assorbire il nucleo ferroso e sacro della terra. Il Plenum attende fuori dalla stalla; dentro, con i maestri, possono stare solo gli ispiratori e le anime connesse come Luna.

Alma e Edward si fanno largo tra la folla e trovano sul fianco della costruzione un'asse fissata con meno cura, un pertugio per vedere. Si accucciano mentre lui sente il segreto pungergli la gola. Ha consigliato a Luna di non parlare con Abe prima della cerimonia perché non si fida di quell'uomo, avrebbe di certo minimizzato le parole della bambina per poter andare avanti ugualmente. «Dillo in mezzo a tutti. Fermali all'improvviso. Non potranno ignorare ciò che arriva da te, ciò che credono arrivi da Oltre.»

A Luna il cuore batte sordo nel petto. Non sa se sarà capace di farlo, non ha mai mentito fino a ora. È per salvare Ka – vuole bene a quella bestia pacifica – ma è sempre una bugia e le sue labbra, dopo oggi, non saranno più pulite. Mai più. Ci sarà un segno su di lei, qualcosa di visibile? Una macchia rossa le spunterà in mezzo alla fronte? L'ansia continua a salire e lei non sa che fare. "Non posso" si dice. "Non ne sono capace."

Poi arriva il muggito e in quel suono la disperazione. È stata bendata perché non veda la lama del coltello. Ma la paura sta ugualmente montando e la spinge a muovere le zampe avanti e indietro per provare a scappare. Lo sente, il pericolo. Lo sentiamo tutti, quando arriva a sfiorarci il collo con le dita fredde. Gea si avvicina alla bestia e tenta di calmarla, parlandole piano all'orecchio. Cosa le sta dicendo? Quali sono le parole della morte?

Il coltello farà un taglio netto alla gola, da una parte all'altra. Ci vogliono maestria e mano ferma perché tutto si arresti di colpo e la vita abbandoni il corpo senza sofferenze. Scorrerà il sangue di Ka intorno a loro, fino a che la carne non ne conterrà più, materiale vivente svuotato del suo liquido, che verrà raccolto con cura da uno degli ispiratori e usato per la comunità. Lo berranno per provare a ingannare la sete che ottunde le loro menti tutto il tempo: due bicchieri d'acqua a testa al giorno, è questa la quantità che possono permettersi e il sangue sarà un regalo per gli assetati. Ma non aprirà nessuna via, questo Luna lo sa. Nessuna connessione inizia con la morte. L'ha detto a Gea, ma inutilmente: lei ascolta solo Abe.

Edward la guarda attraverso il buco nel legno e non sa se la bambina sarà in grado di mentire. Non ha statistiche con le quali orientarsi, numeri che lo guidino, non la conosce abbastanza per fare delle previsioni. In cuor suo, spera che dieci anni siano sufficienti per decidere di fare il salto verso il mondo adulto, sporcandosi le mani con una bugia, per non farlo con il sangue.

Ka muggisce più forte, ora. Mentre Gea cerca senza successo di calmarla, Abe si avvicina. È il momento. Uno degli ispiratori intona il canto e tutto il Plenum lo segue, con le prime e le seconde voci che si alzano e in breve crescono d'intensità, per coprire il rumore del gesto. Un passo. Un altro ancora. Il canto, più forte.

«Fermi!»

La voce di Luna blocca tutte le altre, le ghiaccia, mentre la sua piccola mano si solleva in direzione di Ka. Abe e Gea si voltano all'unisono verso quella bambina che osa fermare il rito. Lei, l'amorevole. Lei, che non ha mai alzato la testa.

«Non potete farlo.» E mentre parla è sicura, non trema, sente qualcosa di grande e inaspettato riempirle il petto. La bugia che sta per dire diventa vera mentre la pronuncia: «Rubedo ordina di fermarvi. La sua voce è arrivata a me, proprio ora. Non bisogna più uccidere nessun animale, mai più. Non serve alla connessione, non serve a niente».

Il Plenum ha sentito. La notizia rivoluzionaria passa di bocca in bocca e arriva a tutti, ai vecchi che ricordano il mondo del prima, ai bambini che giocano nella terra, laggiù nelle ultime file. I piccoli ridono, alcuni applaudono, sono felici che la mucca sia stata risparmiata: il suo latte è buono e il suo verso mette allegria. Anche Ka sembra aver capito, non si agita più, pur essendo ancora bendata. Le parole che risuonano come un'eco nell'aria hanno soffiato via la morte.

Alma guarda Luna da lontano e avverte in lei qualcosa di diverso. È come se di colpo si fosse alzata in volo, avesse preso piume e abbrivio. Ma allo stesso tempo, una nota stonata risuona alla ragazza nel fondo dell'orecchio. "Sta mentendo." Si volta verso Edward, che è lì al suo fianco e tiene gli occhi fissi sulla bambina: il suo sguardo ribolle di orgoglio e sorpresa. "E lui lo sa."

«Ne sei sicura?»

Abe lo chiede tra i denti, faticando a tenere a freno la rabbia che filtra nella sua voce.

Accanto a lui, Gea è impietrita. Respira profondamente prima di rivolgersi alla bambina. «Sei dunque pronta a mettere in discussione la legge della comunità?»

Luna la guarda dritto negli occhi, in silenzio. Gli impianti le pulsano nelle tempie.

Abe ribolle. Il nome gli esce in un sibilo: «Corban».

Gea lo ignora e incalza la bambina: «Lo sei davvero?».

Ma l'odio di Abe ha radici antiche e sfonda gli argini: «Bada a cosa rispondi, ragazzina. Nelle tue vene scorre lo stesso sangue bugiardo di tuo padre. Ti ha promesso che sarebbe tornato, non è vero? Ma non lo ha fatto, mi sembra».

Luna sente la schiena attraversata dai brividi. Ciò che ha detto Abe è una freccia scoccata su una ferita aperta. Ma, allo stesso tempo, dalle sue labbra è uscita la parola che non viene mai pronunciata: padre. Dunque è vero, Corban non le ha dato solo il corpo. Cos'altro di lui vive, in lei?

Quando rialza la testa, Luna ha una voce nuova.

«Sì, ne sono sicura» risponde.

Sa di aver passato la china e da lì è tutta discesa: nessuno userà il coltello oggi, non dopo quello che ha detto. Nessuno lo userà mai più. Sente una piccola sfera allargarsi nella pancia alla quale non sa ancora dare un nome. Lo imparerà. Si chiama potere.

8

Luna, di notte, entra in connessione. Per lei è naturale come respirare, o addormentarsi: un gesto inconscio il cui ritmo viene guastato dal controllo razionale, qualcosa di istintivo che deve semplicemente lasciar accadere, cercando un luogo riparato e un tempo vuoto. Fa spazio dentro sé, per liberare una via che permetta all'energia di Oltre di manifestarsi.

Si ritrova a salire una scala che porta al giardino d'inverno: intorno a lei è tutto bianco, il terreno dorme ricoperto da un sottile strato di neve fresca. Sa di non averla mai vista eppure la riconosce, perché la sua memoria è parte della memoria del mondo, e il pianeta si ricorda della neve.

Luna è a piedi nudi ma non sente freddo e la sensazione di calma che la invade è quella di prima della nascita, quando era nel ventre di una donna e veniva cullata dal liquido che si muoveva con i suoi passi. "Mamma", un'altra parola sconosciuta. "Mamma", eppure questo suono la commuove e una parte di lei ritorna a sentire un odore, qualcosa di lontano che sa di mare e giorni senza sete.

Rubedo le viene incontro. È puro spirito, quello che pervade Oltre, eppure per mettersi in contatto con lei prende le sembianze di un uomo anziano, vestito di rosso, con gli occhi chiari e il passo lento. Le tende la mano offrendole una conchiglia a spirale, sembra una culla e un labirinto. Luna se la posa sul cuore e la sente sparire all'interno, pulsare e prendere la forma degli atri e dei ventricoli, poi gonfiarsi di sangue – fiume che preme per fluire – e disegnare sul petto l'incrocio dell'otto: la linea che sale arriva alla mente e la linea che scende tocca l'ombelico. Sussurra: *Scusami, non volevo mentire*, ma l'uomo la guarda senza espressione, non c'è giudizio in lui, solo presenza; con quella consapevolezza la bambina si trasforma, diventa sempre più grande.

È in quel momento che arriva l'immagine delle fontane, di zampilli d'acqua che brillano al sole, di lussureggianti distese di alberi da frutto e Luna sente nella bocca il sapore di una pesca, il succo che le cola sul mento. Oltre è dentro lei e lei è dentro Oltre, la sua testa vaga tra le stelle e la luce che emettono è quella dell'inizio dei tempi.

La mattina dopo Edward e Alma la vedono arrivare a mezza corsa, mentre sono seduti all'ombra del grande albero. Le foglie mosse dal vento caldo sono ogni anno meno numerose e nascono già color sabbia: la fine è scritta nel principio e ad Alma sembra un presentimento.

«Ce ne sono altri, connessi. Dobbiamo cercarli» ansima Luna quando li raggiunge.

Edward rimane in silenzio. Nella comunità sono stati tre giorni tesi, dopo quello che è successo al rito. Gea e Abe non hanno ancora convocato il Plenum, ma presto lo faranno.

«Come ci siamo noi, ci saranno anche altri» commenta Alma con tono severo. Non le piace che la bambina abbia mentito, questo complica tutto. È evidente che, dal giorno della cerimonia, la evita.

«Dobbiamo trovarli» insiste Luna, a voce più bassa.

«E perché?» sbotta Alma. «Perché dovremmo?»

Edward la guarda, ma la ragazza non aggancia i suoi occhi. Non vuole calmarsi. Non vuole ascoltare quel ragazzo che sa sempre cosa è giusto. Non vuole seguire una bambina cieca e bugiarda. Non vuole più niente. Solo tornare indietro a quando nessuno l'aveva ancora chiamata, quando nessuno l'aveva ancora scelta. Quando tutto era ancora possibile.

I suoi genitori avevano rifiutato la modifica curativa di DNA. Se muori di malattia a metà del Ventunesimo secolo, i casi sono due: o non hai i soldi per curare i pezzi guasti, oppure, come nel loro caso, non vuoi più vivere. Era filtrata da poco la notizia dell'acqua, del fatto che non sarebbe durata ancora per molto; così loro due avevano preso questa decisione, per di più senza consultarla. I genitori di Alma – la figlia unica Alma, l'invincibile Alma, meno male che ci sei tu, Alma – si erano ammalati senza curare il DNA e lei non aveva potuto farci niente. Sulle spalle aveva diciassette anni e una rabbia feroce. "Mi avete fatto nascere perché eravate infelici, per prendere da me tutto quello che c'era da prendere. E poi ve ne siete andati." Quel pensiero era una lingua di fuoco su terra bruciata, in grado di radere al suolo prima il suo mondo emotivo e poi quello reale.

Aveva resistito nella casa pochi mesi, usando i risparmi dei suoi genitori che non erano poi molti. Quel posto aveva la loro energia e lei aveva lasciato che si dissipasse, restando a guardare. Certe case ci mettono un tempo lunghissimo a morire, ma non quella: scivolando nell'incuria, presto era apparsa una finestra rotta, poi un muro sporco, una crepa. Dalla prima crepa era entrato il vento e da lì tutto il resto.

Qualcuno aveva rubato quello che c'era da rubare, mentre i muri erano sempre stati del signor Lee, il cinese proprietario di tutto il palazzo. Alma l'aveva guardato senza espressione quando lui le aveva detto «fine mese». Eccolo lì, lo scenario più fondo e buio salire a galla come una verdura dalla zuppa. "Finalmente" aveva pensato Alma. "Scenderò in fondo e scomparirò anch'io, ché a vivere si fa troppa fatica."

L'aveva trovata due anni dopo l'Ammiraglio, mettendola in salvo in molti modi diversi. Le ci erano volute settimane intere solo per trovare la forza di alzarsi dal letto ogni mattina, ma lui la svegliava sempre alla stessa ora e la obbligava a muovere il corpo – prosciugato dalla sete e dalla solitudine – per ricominciare a mettere un piede dopo l'altro. Per le ferite interne ci sarebbe voluto molto più tempo, eppure era un inizio. Proprio quando aveva sentito l'energia raggiungerla, appena la sua realtà aveva acquisito un minimo di equilibrio, ecco tornare il ragazzo dei numeri, che insieme al nonno l'aveva nutrita quando indossava i panni della mendicante. Era arrivato nei sogni, che si erano allargati, iniziando a contenere altri mondi. Per settimane aveva ignorato la voce che diceva: *Dovete partire, avete un compito da svolgere, è necessario che lo facciate insieme*. Avrebbe voluto dire di no. Ci aveva provato. Ma Edward il saggio era entrato nella sua vita per rimanere. *Siete collegati.*

Alla fine era stata lei a cercarlo nel mondo reale, ritrovando non senza fatica il garage di quella sera lontana. Quando, poche settimane dopo, lui era partito per cercare Luna, lei l'aveva seguito. "Senza una ragione, come un ragazzo segue un aquilone" diceva una canzone del vecchio secolo che l'Ammiraglio amava tanto.

«Li ho visti, durante la connessione. Hanno una sorgente» dice la bambina, spostandosi in una zona d'ombra più fitta. È una giornata molto calda. Alma abbandona i ricordi e torna a respirare aria bollente e delusione.

«Una sorgente nuova?» chiede Edward.

«Sì. Ho visto tanta acqua. La usano per loro ma anche per salvare altre persone. Dobbiamo trovarli e fare anche noi la nostra parte.»

«Li hai visti davvero o è come per la storia di Ka?»

Luna tace d'improvviso. Eccola lì, la rabbia di Alma, coltello affilato. Alla bambina dispiace averla delusa, le dispiace moltissimo. Ma sa anche che, tornando indietro, rifarebbe la stessa scelta.

«Sei ingiusta» si intromette Edward.

Certo che Alma è ingiusta. Lo è sempre stata. Ma quei due non hanno idea di cosa voglia dire sopravvivere per due anni in strada. Forse non hanno idea proprio di niente.

«Una sorgente nuova non basterà a salvare tutti» dice, secca.

Edward non raccoglie le sue parole, lascia che si diluiscano nell'aria, come gli ha insegnato il nonno. "Non inchiodare mai nessuno ai suoi limiti."

«Forse hai ragione» ammette, ma rilancia: «In ogni caso è un punto di partenza. Connettendoci insieme ad altri il canale sarà sempre più forte, più chiaro. Troveremo altre sorgenti, ne sono sicuro».

Luna guarda Alma da sotto in su. Sente che la freddezza della ragazza ha poco a che fare con ciò che è successo l'altro giorno, con lei o con Edward. È probabilmente qualcosa di suo, una rigidità che le accorcia il respiro. Così la bambina le sfiora la mano, prova a stanarla e l'altra non si sottrae, accetta la tregua in silenzio. Tutti e tre, ognuno a modo proprio, sanno che devono imparare a conoscersi e sperano ci sia abbastanza tempo.

9

È passata più di una settimana dal rito, quando i maestri convocano Luna. Inaspettatamente, le chiedono di portare con sé i ragazzi di Byzan.

«Andiamo a parlare fuori, cosa ne dite?» propone Gea, quando i tre arrivano nella sala dei vetri. «Inizia a fare troppo caldo.»

Abe, al suo fianco, rimane in silenzio, eppure il suo sguardo contiene parole appuntite. La bambina acconsente, gli altri la seguono a poca distanza.

Camminano nel mezzo del caos ordinato dello Sram, dove tutti adottano traiettorie ben precise, attuando il minimo spreco di energia per raggiungere il maggior risultato possibile. L'ozio, nella comunità, non esiste, perché ogni persona ha un compito e fa parte della squadra guidata da un ispiratore, che coordina le attività secondo le capacità e le attitudini di ognuno: i coltivatori, i vivandieri, le nutrici.

«Abbiamo pensato molto al senso del vostro arrivo

e a quello che è successo pochi giorni fa» dice Gea, quando si fermano di fronte alle stalle. «È un grande cambiamento nelle nostre abitudini e va gestito.»

«Di certo ci affidiamo a Oltre, come abbiamo sempre fatto» aggiunge Abe.

Alma sente un piccolo brivido correrle lungo il collo a quella frase – sono a un passo da Ka, avverte i muggiti delle bestie – e alza lo sguardo a cercare Luna, ma lei prosegue a fissare la donna dagli occhi quieti come laghi e non sembra avere la minima paura.

«Bene» dice solamente.

Quando il piccolo gruppo riparte – Luna e Gea in testa, Edward e Alma subito dietro, Abe che si sposta intorno a loro come un satellite senza rotta –, alcuni membri della comunità si fermano per un saluto. Congiungono le mani sulla fronte o davanti al cuore, chiudono gli occhi per un attimo e sussurrano parole di luce e ringraziamento. Gea li benedice, con gesti identici, per onorare il divino che è in ognuno di loro. L'affetto degli abitanti è però diretto in particolare verso la più piccola. La cercano con lo sguardo, qualcuno la sfiora: Luna illumina lo spazio intorno a lei e ciò che esiste si apre, per lasciarla passare.

I maestri sanno bene quanto il gesto della bambina abbia colpito tutto lo Sram. È per questo che l'hanno convocata. È per questo che hanno convocato tutti loro. Si sono trovati concordi, anche se mossi da motivi molto diversi. Abe ribolle, in un posto profondo di sé. Intorno a lui roteano geometrie confuse e cupe, nessuna delle quali riesce a produrre simmetrie. Edward è l'unico in grado di vederle: sono cavi elettrici incapaci di ordinarsi in un circuito.

«Inizierai insieme a noi il percorso per diventare maestra» dice Gea a Luna. La voce le trema appena; è emozionata, perché quella bambina l'ha vista nascere, ed è tesa, perché sa bene che il percorso è difficile. «Quanto a voi» dice rivolta agli altri due, «se siete qui, è perché lo vuole Oltre. Saremmo lieti di accoglierVi come parte attiva della comunità, per sostenere Luna nel percorso.»

«È un'offerta molto generosa» sottolinea Abe.

Scendendo verso gli orti, la terra cotta dal sole si sbriciola sotto le loro scarpe, mentre altre persone si avvicinano per sfiorare la bambina e lei risponde a tutti con un uguale tocco delle dita.

«Quindi, cosa te ne pare?» chiede la maestra, con una lieve ansia nella voce.

«Ha ragione Abe, è un'offerta molto generosa» risponde Luna.

C'è un bambino che si è unito al gruppo, trotterella dalle parti di Gea. Lei gli getta ogni tanto uno sguardo che agli altri sembra distratto, ma che Alma riconosce, perché era lo stesso che raccoglieva da sua madre quando camminava sulla spiaggia da piccola e il mare non era ancora velenoso. Un filo gettato intorno al corpo, per tessere una rete dalla quale lei non si allontanava, abbandonandosi alla sensazione dolce di appartenere a qualcosa.

"Quel bambino è suo figlio" si dice Alma. E, soppesandolo, pensa che abbia giusto l'età per imparare a leggere – senza schermi, con lezioni in cui viventi insegnano ad altri viventi, così funziona laggiù – ma chissà se ci sarà abbastanza tempo. Il piccolo sta con loro fino a che non tornano al centro dello Sram: lì viene preso per mano da una delle nutrici, mentre Gea gli getta un'ultima occhiata che è come una carezza. Lo portano nella capanna del cucito, e Alma lo vede accoccolarsi su un mucchio di stoffe di tutti i colori: è lì che una scena del passato le torna di colpo, sotto le dita. Ricorda.

L'Ammiraglio non chiedeva mai dove andasse, quando usciva. Il loro patto tacito, però, come nella vaga copia di una famiglia del vecchio secolo, era trovarsi ogni sera a cena, quando lui scovava nei cassetti enormi rettangoli di tessuto e li abbinava a piatti di vetro o ceramica che colmava del cibo che riusciva a procurarsi. Alma osservava il suo affaccendarsi come una liturgia senza reale utilità: la tavola era programmata per igienizzarsi da sola e quei materiali fragili erano stati sostituiti da plastiche autopulenti già negli anni Trenta.

A Byzan, come nel resto del Paese, era vietato usare l'acqua per lavare gli oggetti e non esisteva più da tempo un erogatore idrico interno alle case. Si usavano sostanze purificanti per detergere la pelle, mentre per le superfici o i vestiti bastavano le radiazioni ionizzanti. Le stoffe che si ostinava a usare non erano igieniche, ma all'Ammiraglio non importava: vestiva la tavola ogni sera con un colore diverso e stendeva bene i tessuti con le dita aperte, per toglierne le pieghe.

«Si chiamano tovaglie. Mia madre le lavava a mano e le faceva asciugare al sole» aveva detto una volta, reggendone nelle vecchie mani una bianca con le ninfee e una azzurra a tema marino. «Cosa darei per sentire ancora una volta il profumo del sapone nell'acqua fresca... le restava sulla pelle, sai?»

«Com'era?» aveva chiesto Alma accovacciata sulla poltrona, scegliendo quella azzurra con un cenno del mento.

«Luminosa. E dolce. Mi incantava.»

La malinconia dell'Ammiraglio l'aveva messa a disagio e allo stesso tempo ingolosita, perché agganciava qualcosa di conosciuto. C'era in lei un rumore di fondo, una rabbia fredda mescolata a una nostalgia costante, che era liberatorio far espandere tanto da riempire la stanza, lasciando sfogare l'amaro nella gola attraverso quello di lui. Gli aveva chiesto: «Ti manca?».

Il liquido blu del ricordo bagnava i loro piedi. Era tiepido ma invaso di spilli.

«Mi mancano tante cose, ragazzina.»

10

Luna è seduta sul muro a secco che delimita l'area degli alberi da frutto, nell'angolo ovest del cortile. Da piccola, quando riusciva a scappare dal dormitorio senza essere vista, si sedeva lì nel buio, aspettando che suo padre tornasse a prenderla. I suoi piedi adesso penzolano nel vuoto, come allora.

Anche gli alberi sono più o meno gli stessi di quelle notti lontane: si aggrappano alla vita con istintiva tenacia, come ogni essere vivente. L'acqua è sempre meno e ogni anno il caldo arriva prima, così le creature dalle grandi fronde fanno morire parti di sé pur di non soccombere; lasciano seccare alcuni rami, perché quelli rimasti possano sopravvivere con le risorse che ci sono. Poi, appena una pioggia abbondante li riporta alla vita, danno frutto. Magari piccolo, magari storto e imperfetto, ma lo danno. Non possono fare altro, è la loro natura e l'espressione del loro ciclo: come il fiume deviato dall'uomo cerca il suo letto, gli alberi tornano a generare vita, anche se la sete è dietro l'angolo e con lei la polvere che sbriciola la terra.

Luna stessa è un frutto colto da mani amorevoli, che l'hanno tenuta stretta più di quanto consentisse la comunità, prima di lasciarla sola. Di Corban ricorda ogni particolare, forse perché gli impianti non sono occhi veri e trattengono immagini come un setaccio dai buchi troppo sottili. La voce, soprattutto, e le braccia nelle quali si accoccolava, perla dentro la conchiglia. Quando scappava, spesso era Gea che veniva a cercarla nel mezzo della notte per riportarla a letto: a quel tempo, il suo ventre era rotondo e colmo di vita.

«Ciao.»

Edward sale sul muretto e le si siede accanto.

«Va tutto bene?»

Luna non risponde.

«Ehi, no... non così...» farfuglia il ragazzo, quando si accorge che sta piangendo.

Non sa che fare, poi la mano del nonno torna ad accarezzargli la testa nel ricordo e lui ripete il gesto sulla bambina, usando il tocco più leggero che trova.

«Vieni qui.»

Queste parole, da piccolo, erano casa. Così le dice per lei, tirandosela vicino, poi la circonda con le braccia e la lascia piangere: ai fiumi va permesso il fluire, rinforzando gli argini perché non facciano troppi danni. Luna singhiozza forte per la solitudine di quelle notti ad aspettare qualcuno che non tornava, che non è tornato mai. "Non sono abbastanza" si diceva, "sono guasta e non mi vuole più." La bambina appoggia la testa in grembo a Edward, continuando a sussultare come un ingranaggio inceppato, lui le accarezza piano i capelli e la sente ammorbidirsi, lentamente.

Di fronte a loro la luna è enorme, stanotte riempie il cielo.

«Guarda come sei bella» sussurra Edward alla bambina, indicandogliela. «Come sei luminosa.»

Lei si rialza, con il viso ancora umido. Si passa le mani sulle guance e lascia salire in gola piccoli singhiozzi, la coda della tempesta. Quando torna calma, si volta verso il ragazzo.

«Sono contenta che sei venuto.» E poi: «Dobbiamo andare via».

Luna se ne andrà insieme a loro due, gli dice. Devono farlo, anche se non sanno ancora esattamente come trovare il gruppo di uomini connessi, quelli che hanno aperto una nuova sorgente e stanno dando da bere agli assetati. Da Oltre è riuscita a capire solo il loro nome; quando vuoi cercare qualcuno, saperne il nome è già qualcosa: si chiamano Elohi e sono là fuori.

«Sei sicura che non vuoi restare?»

«Sì.»

A volte si va via perché la strada davanti a noi si apre, altre volte si va via perché la strada dietro di noi si chiude. È necessario fissare una distanza prima che sia troppo tardi e che le circostanze si mettano in modo da rendere impossibile – per lei, per loro – allontanarsi.

Luna ha aspettato per così tanto tempo il ritorno di chi l'avrebbe portata via di lì, ha chiamato il suo nome fino a non avere più voce.

Alla fine qualcuno è venuto e certo non era chi voleva lei, ma funziona così con le attese e gli arrivi: non è quasi mai ciò che ci aspettiamo, spesso è ciò che ci serve. Erano Alma e Edward, due sopravvissuti al destino, al passato e a sé stessi, esattamente come lei.

«Sai, non credevo potessi piangere» dice lui alla fine, mentre camminano lentamente verso i dormitori.

«Perché sono forte o perché ho gli impianti?»

«Entrambe. Ma più per gli impianti.»

Luna adora questo suo mostrarsi grande e piccolo allo stesso tempo.

«Però era un pensiero stupido, perché i tuoi occhi non vedono, ma per il resto funzionano» aggiunge il ragazzo.

"I miei occhi, per il resto, funzionano." La bambina pensa che non gliel'aveva mai detto nessuno.

«Sei pronto a partire?» gli dice.

«Certo.»

«Anche senza direzione?»

«Non ne ho mai avuta una, quindi direi che non cambia molto.»

«E Alma? A lei una direzione serve.»

«Con lei ci parlo io. Tu prepara le tue cose, stanotte partiamo.»

Mentre lo guarda allontanarsi verso le stanze degli adulti, Luna si sente nuovamente perla nella conchiglia.

11

Quando Edward torna nella loro stanza, dietro al magazzino degli attrezzi, trova Alma che fissa il buio a occhi aperti.

«Non dormi?»

«No» risponde lei. Per poi chiedergli: «Cosa ha deciso Luna?».

«Di partire.»

«Sappiamo dove andare?»

Edward cerca un modo per svicolare, senza trovarlo.

«Ancora no.»

«E quindi?»

«E quindi non possiamo restare qui.»

«Questo lo so.»

Alma fissa il soffitto della casupola; dal tetto sconnesso filtra la luce di quella luna enorme.

«Intanto torniamo a Byzan per fare scorta d'acqua. Poi vedremo. Oltre parlerà.»

La ragazza rimane in silenzio per un po', poi la tristezza gocciola tra le sue parole.

«Io non sento più la voce da tanti giorni. A volte dubito di averla mai sentita.»

«Alma.»

«Forse mi sono solo sognata tutto.»

«Alma, guardami.»

Così lei lo guarda, cercando di non mostrargli la durezza appuntita che sente dappertutto. Vorrebbe essere ancora la ragazza di prima, quando i suoi non erano morti e non conosceva la puzza della strada e la paura, quando in lei tutto era ancora integro.

«Mi sei venuta a cercare» dice lui. «E l'hai fatto seguendo quel richiamo. Lo stesso che a me porta numeri e forme, lo stesso che a Luna porta immagini.»

«Forse dovevo solo trovarti e condurti da lei. Forse il mio compito è finito.»

Edward tenta un'altra strada.

«Ti ricordi di che colore è la voce che hai sentito nei sogni?»

Lei ci ragiona un attimo. «Abbiamo già fatto questo discorso.»

«Lo so.»

«Sei stato tu a dirmi che è rossa. Io non li so vedere, i colori delle voci» sbotta. Ma aggiunge: «Ti ho chiesto di che colore era la mia, quando ti sono venuta a cercare».

Il ricordo torna con la stessa intensità, occupando tutto lo spazio, e il cuore di Edward batte più forte.

La notte in cui lei lo ha ritrovato si sono seduti vicini, schiena alla parete del garage, con la basculante abbassata a proteggere la scorta di piovana. Al buio, lui l'ha ascoltata.

«Io non sono come te e Luna.»

La sua voce bassa, ora come allora, riempie Edward di piccole scosse sulla schiena. Ma allo stesso tempo lo riporta allo Sram, alla necessità di partire, a un popolo da trovare chissà dove.

«Perché, come siamo, noi?»

«Pieni di certezze.»

Il ragazzo rimane in silenzio. È vero, in qualche modo dentro di lui si muovono forme simmetriche, flussi ordinati. Ma questo non vuol dire che sia davvero sicuro di qualcosa. Il meccanismo d'orologio che lo regola è parte di lui. È la sua forza, ma anche la sua debolezza.

«Quando sei venuta da me mi hai detto cose molto chiare.» La voce del ragazzo è un filo – blu, questa volta – da seguire, che riordina il caos dei pensieri. «Hai parlato di numeri che appartengono solo a me e che non avresti potuto inventare o sognare, se non fossi davvero connessa con Oltre, e con noi. Io non lo so esattamente cosa siamo chiamati a fare, ma so che è una questione che riguarda tutti e tre. Non puoi chiamarti fuori. E non chiedermi come lo so. Lo so, e basta.»

Alma tace. Il ritmo del respiro, piano piano, rallenta.

«Eri un ragazzino, sai?» sussurra. «E i numeri ruotavano nei tuoi occhi. L'otto, il due, l'undici.»

La notte in cui si sono ritrovati, dopo averla ascoltata per un tempo infinito, Edward era riemerso da un crepaccio, dicendo: «La tua voce è color argento». Poi le aveva dato da bere: Alma aveva allungato le mani a ricevere quel dono. Si era portata la tazza alle labbra sentendo il fresco scivolarle tra i denti e avvolgerle la lingua, arrivare alla gola; aveva bevuto l'acqua fino a non avere più sete, come da piccola, quando poteva dissetarsi davvero, quando non aveva ancora conosciuto la mancanza.

Non è ancora sorto il sole quando recuperano la tre posti verde dove l'hanno lasciata più di un mese prima, poco distante dall'ingresso sud dello Sram. Funziona a ricarica solare ed è la cosa più preziosa che possiede Edward, perché è il mezzo che usa per fare le consegne. Non sono consegne legali, in realtà, e lui non ha nemmeno la patente, ma nessuno in città ha più molta voglia di controllare cose come queste.

Nel momento in cui la lunga estate volge al termine e si avvicina la stagione delle piogge, i viventi di Byzan montano ovunque le cisterne: sui tetti, in strada, nei giardini; fanno una guardia serrata mentre piove, perché l'acqua che si accumula rimanga di loro proprietà.

Quando la notizia della fine delle scorte idriche era filtrata tra la popolazione, una manciata di anni prima, tutti i governi erano stati chiari: la piovana si può raccogliere, ma è vietato commerciarla. Com'è ovvio, il mercato nero è diventato fiorente e permette a Edward di vivere, o almeno glielo permetteva nella vecchia vita, dato che la nuova vita ancora non la conosce.

Anche la sorgiva, l'acqua delle poche fonti sotterranee ancora attive, ha il suo mercato nero ma viaggia a livelli più alti: solo i ricchi possono corrompere i militari e farsene dare di più rispetto a quella che arriva dai razionamenti ogni mese. A Edward quella non interessa, gli basta vendere la piovana che ha sempre raccolto in quantità, da quando con il nonno hanno costruito sul tetto tre diverse cisterne e un sistema di filtraggio. Il garage è pieno di scorte e l'allarme le tiene ben protette: per prima cosa, tornati a Byzan, passeranno di lì per prenderne quanta ne serve.

«Verifica parametri energia. Attiva coordinate casa.»

La macchina di Edward è un modello a comandi vocali ma privo di pilota automatico e intelligenza artificiale: una rarità, ormai; ha imparato a guidarla a quattordici anni ed è stato un bene, perché il nonno è morto pochi mesi dopo. Il motore parte subito: l'accumulatore solare segna il pieno. Quando la fiancata scorre e sulla macchina salgono Alma e Luna, il ragazzo pensa che non ha mai avuto niente di così prezioso a bordo, neppure litri di piovana in un mondo che muore di sete. La bambina si accoccola dietro, mentre la ragazza si mette di fianco a lui, la gamba che sfiora la sua.

Il mattino dopo è Gea a scoprire che i tre si sono allontanati dallo Sram. Per prima, arriva la paura.

"Come farà a cavarsela? Non è mai uscita da qui."

Poi sopraggiunge la rabbia.

"Lei era l'unica connessa, l'unico legame con Oltre, come ha potuto?"

E infine, striscia l'angoscia.

"Nella comunità scoppierà il caos, appena sapranno di essere soli."

Abe se lo aspettava. In fondo il suo terrore era l'altra faccia di un desiderio inespresso: quella bambina non gli era mai piaciuta. "Prima o poi Oltre le parlerà degli Elohi" pensa. "O magari l'ha già fatto. In ogni caso, lei si accorgerà presto che non sono quello che immagina. Lo scoprirà sulla sua pelle."

12

L'acqua scorre sotto la superficie, densa come liquido amniotico, cercando una strada. In profondità ci sono fiumi e cascate e mari, ma non basta limitarsi a porgere l'orecchio al gorgoglio, va aperto un varco attraverso il guscio che la Terra si è costruita, protezione di creatura viva contro il dolore causato dagli uomini.

La tenebra giace in quello stesso luogo dall'inizio dei tempi, quando il magma ribolliva e il pianeta sudava di febbre, sfera di metallo rovente nell'oscurità dello spazio profondo: laggiù, tra le pietre, riposa lo stesso spazio smisurato che teneva sospesi i soli e le lune.

Siete acqua e tenebra, e vi siete trovati.

Io prendo forme a voi conosciute, raggiungendovi nel buio per farvi ricordare ciò che già sapete. Vi siete incontrati sul piano terreno quando la mendicante e l'imperatrice sono giunte a illuminare la notte: entrambe respirano in te, Alma, anche se ancora non lo sai. Quando l'hai vista arrivare, Edward, il cielo si è aperto e il viaggio è iniziato.

Hai annusato l'ignoto e ti sei chiesto quale numero potessi scegliere per quella creatura doppia che ha preso forma davanti ai tuoi occhi. Così ho sussurrato al tuo orecchio: l'otto, il due, l'undici.

La mendicante ha denti aguzzi, Alma, e tu la tieni in catene. Eppure l'imperatrice dovrà farla entrare, permetterle di acciambellarsi nel posto più prezioso, ricoprirla di ori e velluti: non potrà rimanere separata per sempre. Perché la terra vi apra una via, dovrete prima aprirla in voi, scendendo i gradini pericolanti della scala che porta alle vostre profondità.

Cercando l'acqua, troverete la tenebra. Affrontando la tenebra, troverete l'acqua.

Vi accompagna la luce di Luna lungo il cammino. Prendete il passo e il respiro, andate dove il chiarore vi chiama e troverete la sorgente, quella che restituirà la vita. Voi portate lo sguardo e la capacità di connettere, lei ha già in sé la profondità.

Nel passato qualcosa in voi si è spezzato e della ferita dovete essere lieti. Avete imparato la solitudine, vostro malgrado, e il dolore della mancanza, ma entrambi hanno scavato spazio nel vostro cuore di creature transitorie, in bilico tra terra e cielo. Seguite la mappa che emerge dalle cicatrici che pulsano e portano l'intuizione. L'acqua sgorgherà dalla roccia cava ma dovrete guardare nel suo fondo, permettendo a lei di guardare in voi. È uno specchio, come tutto il resto. Ciò che vedrete dipenderà da quello che siete, ciò che troverete sarà quello per cui avrete liberato spazio.

Ora siete di nuovo uniti: lo siete già stati ma c'è poco tempo per ricordare, dovete muovere i passi verso il futuro, prima che il futuro non esista più. Seguite la bambina, anche se ora non sa dove andare. Lei ha occhi per vedere ciò che voi solo avvertite.

Buon viaggio, Arcadiani.

Rubedo

BYZAN

13

Sono passate quasi ventiquattro ore, è di nuovo notte e la stanchezza li assedia. Per raggiungere il garage di Edward, nella periferia ovest della megalopoli, hanno dovuto superare i territori deserti che circondano lo Sram e poi inoltrarsi per centinaia di chilometri attraverso agglomerati urbani senza soluzione di continuità, tra palazzi e capannoni industriali che da fuori paiono gusci d'uovo svuotati.

L'estensione di Byzan è abnorme. Negli anni Venti già esistevano città molto grandi, ma tra l'una e l'altra c'erano grappoli di paesi immersi nella campagna, ognuno con un nome e una storia. Furono gli anni Trenta ad accelerare il cambiamento, rendendo tutti più longevi e produttivi; nacquero così spazi d'alveare sempre più densi che riempirono progressivamente ogni angolo vuoto.

Un'unica, immensa città, efficiente nido per api operose.

Poi arrivò il diluvio asciutto, come ancora lo chiamano i predicatori invasati che programmano suicidi collettivi per liberare il pianeta dal cancro degli esseri umani. Il mondo rallentò. Non si fermò di colpo, perché non tutti persero la speranza nello stesso momento. I governi predisposero un apparato militare per organizzare i razionamenti e reclutarono i migliori scienziati per trovare un'alternativa all'acqua di sorgente, sostenibile su scala mondiale. Tutto il resto scivolò nell'autogestione.

Sono passati cinque anni da quando la catastrofe è diventata di dominio pubblico. Tra chi decide di andarsene e chi finge che non stia succedendo niente, c'è la realtà: le fabbriche si fermano, il cibo scarseggia. E poi la rete. Sono centinaia i satelliti che gravitano intorno alla Terra e la avvolgono in una ragnatela virtuale, rendendo connessa ogni cosa esistente: gli assistenti domestici, i visori degli studenti, i chip per i controlli medici, la produzione industriale. Se salta – e lo fa sempre più spesso – il mondo viene scaraventato indietro all'inizio del secolo, come un sasso da una fionda.

Edward ferma la macchina di fronte al garage, ma tutta la stanchezza che avverte sulle spalle si trasforma in adrenalina all'istante: la basculante è sfondata.

«No. No. No.»

Alma lo segue come un'ombra quando scende con un balzo dall'automobile. Luna, che ha sonnecchiato per tutto il viaggio, si scuote senza capire.

«Che succede?»

Il ragazzo si blocca. «Possono essere ancora dentro.»

Allora torna indietro e prende il fucile termico dal bagagliaio. Non sa se sarebbe in grado di puntarlo contro un vivente: l'unica volta che ha sparato in vita sua è stato per colpire un cyborg che si stava arrampicando sul tetto del garage, dove sono posizionate le vasche di raccolta della piovana, ma ha puntato basso e comunque i mezz'uomini hanno arti e organi sintetici e grande capacità di rigenerazione.

«Rimani in macchina» dice ad Alma, imbracciando il fucile.

Lei gli rivolge uno sguardo sprezzante. «Non esiste» sibila.

«Ma c'è la bambina!»

Alma fa cenno a Luna di chiudersi dentro e le indica di stare giù con la testa.

«È a posto. Tu entra da qui, io faccio il giro dietro.»

Prima che Edward possa dire qualcosa, lei è già sparita. Così fa qualche passo, tenendosi sulla sinistra. La basculante è deformata proprio da quel lato: qualcuno ha usato un perno per alzarla, una leva robusta, perché lui e il nonno avevano lavorato settimane per rinforzare i ganci che la tenevano ancorata a terra.

Dà un'occhiata dentro, sentendo il cuore battere nella gola. È buio e non riesce a distinguere bene le forme, ma non sembra esserci nessuno di vivo lì dentro; quando ne è certo, fa un passo nel garage e attiva la luce con il comando vocale che riconosce il suo timbro.

Gli appare uno spazio violato.

Per un attimo sente la voce del nonno abitare quel luogo: è lì la sua anima, il suo ricordo o quello che rimane dopo la morte, in mezzo agli attrezzi che ha sempre usato per aggiustare le storture del mondo e che ha messo in mano a Edward da piccolo. Cacciaviti di ferro, seghetti e martelli, tutte cose che non esistono più da decenni ma che lui ha sempre mantenuto intatte e funzionanti, insieme a circuiti elettrici e resistenze, lampadine a incandescenza, fili telefonici e persino un motorino che non usavano solo perché non sapevano più dove trovare la benzina. «L'età della pietra non è certo finita perché sono finite le pietre» diceva il nonno e così è stato anche per i motori a scoppio, soppiantati da quelli a ricarica solare quando di petrolio ancora ce n'era.

Ora tutto il suo mondo giace a terra, riverso, devastato. Non una cosa è rimasta al suo posto e il ragazzo sente forte nella schiena la spinta della furia: di colpo lo possiede, gli sporca di nero gli occhi.

"Lo ammazzo. Giuro che lo ammazzo."

Poi la rabbia scende nei reni e diventa paura, brivido che parte dal fondo della colonna vertebrale, terremoto del sistema, perché si rende conto che le scorte non ci sono più.

«Tieni d'occhio la piovana» gli diceva il nonno. «Non allontanarti mai troppo.» Doveva fare solo questo, era il suo unico compito. E ha fallito. Ha seguito una voce, dei segni, un'idea, così ha perso tutto il resto, tutte le certezze, il possibile futuro.

Edward non riesce a muovere un passo, è come inchiodato a terra e non serve la voce di Alma a farlo voltare, non la piccola mano di Luna che li ha raggiunti in quel luogo sventrato; niente lo tocca in questo momento perché è scivolato dentro di sé, in un punto profondissimo e senza luce. Nel suo petto i numeri si accavallano e confondono direzioni e traiettorie, collassando rovinosi gli uni sugli altri.

14

«Cosa facciamo?»

La bambina gioca con i capelli, ne sceglie un piccolo ciuffo sulla tempia e lo tira verso il mento, separandolo dal resto e arrotolandoselo sull'indice. L'unica borraccia di piovana che erano riusciti a riempire allo Sram è finita e lei ha sete, più del solito; riesce a sopportarla solo perché è distratta dalla città: la casa di Edward è stretta tra palazzi che si arrampicano fino al cielo e per quanto la bambina cerchi di mettere a fuoco con i visori, fatica a intravederne la sommità.

Il garage è sul retro dell'edificio e affaccia sul cortile in cui hanno parcheggiato. Poco oltre passa la strada, dove rare automobili scivolano silenziose. Tutto è enorme, rispetto allo Sram, ma allo stesso tempo desolato: tira un vento caldo che accorcia il respiro, nessun essere umano cammina sul marciapiede e di vicini non c'è nemmeno l'ombra.

Luna è in piedi, accanto al finestrino. Dentro la macchina Alma se ne sta immobile, a occhi chiusi. Prova a fare un'altra domanda.

«Sei sveglia?»

Nessuna risposta. Ci rinuncia, tanto quei due non la ascoltano. È ormai giorno pieno e Edward è nel garage da ore. Ha provato a raddrizzare la basculante riuscendoci solo in parte, poi l'ha abbassata quanto più poteva e non è più uscito. Lei e Alma hanno provato a bussare, a chiamarlo, hanno anche tentato di entrare ma lui ha chiesto di essere lasciato solo: senza gridare, come un favore. Hanno obbedito. Luna ha sentito nella voce del ragazzo una nota dura che non le è piaciuta e voleva dirlo ad Alma, ma lei si è seduta in macchina, ha fatto scivolare il sedile e ha chiuso gli occhi, per tentare di recuperare parte del sonno perso durante la notte.

Lei non ha sonno, ha solo sete. Gironzola e raccoglie sassi, poi li divide per colore, seduta sul basso muro che corre lungo un lato del cortile. Sente agitarsi dentro una strana mescolanza di noia, meraviglia e paura, quella che prende una bambina fuggita dall'unico luogo che abbia mai chiamato casa e che negli anni si è trasformato nella prigione di un eterno attendere. "Non ho salutato nessuno" pensa. "Non ho salutato Ka." Ma sa che la sua amica, adesso, è al sicuro.

A Luna tornano addosso gli occhi dei presenti, il giorno del rito, l'incredulità e l'ammirazione che li invadeva; la loro volontà di toccarla quando ha attraversato la comunità, mentre Gea le prometteva il futuro.

Più forte del resto, sente salire al petto il sollievo per lo scampato pericolo: diventare maestra avrebbe significato non potersene andare più. Non sa se siano pensieri giusti, i suoi, o se siano impastati di egoismo; in ogni caso li lascia salire, perché guidano la sua attenzione lontano dalla sete.

Il rumore metallico sveglia Alma e solleva Luna dall'acquitrino dei ricordi: Edward è uscito dal suo antro. Loro si alzano nello stesso momento e gli vanno incontro, ma si fermano un passo indietro perché è cambiato qualcosa nel suo modo di tenere le spalle. Sulla pelle scura sembra scorrergli una corrente nuova, addensandosi sulla fronte, nelle giunture; dalle punte delle dita si scarica in piccole scintille invisibili, come un circuito elettrificato.

«Stai bene?» gli chiede Alma, e negli occhi di lui vede un anno intero passato d'improvviso, un calendario gettato nell'angolo, con tutti i fogli sparsi.

«Sto bene.»

Luna invece prova ad abbracciarlo e lui si abbassa per aiutarla: la sua stretta è quella di sempre, forse solo un po' più forte.

Nel garage non regna più il caos della notte, la ferita è stata suturata e, anche se i punti si vedono, l'infezione è sotto controllo. Ciò che poteva essere aggiustato ha ritrovato il suo posto, mentre tutto il resto giace in un mucchio, pronto da smaltire.

Edward è in grado di ordinare il mondo, smontando

pezzo per pezzo gli ingranaggi del dolore e della rabbia. Conta i colpi di martello, i giri delle viti da stringere, maneggia numeri che aprono porte e distillano quiete dalla confusione: ognuno ha il suo modo di tenere il filo per risalire il sentiero dell'esistenza, questo è il suo. Ora sente la mano calda del nonno sulla testa ed è pronto a continuare il viaggio; prima, però, riporterà a casa la sua piovana, glielo deve.

«So chi è stato» dice. «E so dove cercarlo.»

Luna lo guarda da sotto in su.

«Prendo quello che mi serve e andiamo.»

«Dove?» gli chiede la bambina, e aggiunge, sentendosi mancante: «Oltre non ha ancora parlato».

«A riprenderci la piovana.»

«Adesso no.» Alma entra nella conversazione per ghiacciarla. «Non possiamo.»

«Alma, devo farlo» insiste lui. «Devo farlo e basta.»

«Luna deve bere.»

Edward si accorge d'improvviso di avere la gola secca e un allarme insistente nel cervello. Quante cose sa tenere fuori dalla sua zona d'attenzione, per rimanere vigile: senza bisogni, senza richieste. Guarda la bambina appoggiata al suo fianco che non si lamenta, ma ha gli occhi arrossati e le labbra rugose.

«Andiamo dall'Ammiraglio» dice Alma, decisa. «Ha scorte di piovana. E dovrebbe avere anche la sorgiva, perché le consegne dei razionamenti in città ci sono state da poco, se non ho perso il conto dei giorni.»

Non ha parlato molto, di lui. Alma parla poco. Ma sia Luna sia Edward sanno che quello è l'unico posto nel quale lei si senta di tornare, e questo fa di quel luogo qualcosa di simile a una casa.

15

«Sono io» dice Alma al sensore di riconoscimento. Il cancello si spalanca di fronte a loro e questo vuol dire che lui non ha rimosso l'impronta della sua voce. È un buon segno, considerando che se n'è andata più di un mese prima, senza tante spiegazioni, dicendogli solo che doveva cercare una persona.

La puzza dei rifiuti accatastati in strada satura l'aria e la scaraventa nel passato: quando l'Ammiraglio l'aveva trovata a rovistare nella spazzatura, lei era una creatura folle di sete e di fame.

«Cosa diavolo stai facendo?»

La sua voce le era giunta alle spalle. Con la coda dell'occhio aveva intravisto un uomo non tanto anziano da risultare innocuo, ma aveva deciso di ignorarlo perché era vestito di giallo dalla testa ai piedi e, anche volendo, così conciato non riusciva a farle paura. Quando era arrivato a un passo, Alma aveva sollevato la testa, guardandolo dritto in faccia. Lui aveva abbassato lo sguardo e lei ne aveva approfittato per allontanarsi, con in mano una confezione di barrette proteiche scadute. Probabilmente in un palazzo così lussuoso c'era ancora la vigilanza, ma quel vecchio non l'avrebbe chiamata, Alma ne era certa. Li conosceva, quelli come lui, e avvertiva il senso di colpa che strisciava lungo le loro schiene: generazioni che avevano mangiato al tavolo della festa senza lasciare nulla a chi veniva dopo.

Era tornata a cercare qualcosa tutte le sere, per giorni che erano diventati settimane, senza mai dire una parola. Come gli animali selvatici, veniva ogni volta un po' più vicino. Tre mesi dopo lui se l'era portata a casa. Una decisione assurda e istintiva o forse un modo per espiare una colpa passata; Alma aveva capito che era solo e non sopportava le intelligenze artificiali come compagnia, dunque ne aveva approfittato.

«Puoi anche rubare, se vuoi, tanto gli oggetti non servono più a niente» le aveva detto. «Voglio solo cucinare qualcosa di buono sul vecchio fornello e mangiarlo sul terrazzo, chiacchierando insieme a un essere *umano*.»

Le fiamme vive erano illegali da almeno vent'anni, ma delle leggi ormai non importava più nulla a nessuno. Lei non aveva fatto molte domande: le conveniva restare anziché prendere un paio di cose e scappare, quindi era restata.

Così, dopo due anni in strada, Alma aveva iniziato a vivere a casa dell'Ammiraglio. Nella sua nuova camera, ogni mattina all'alba, c'era un momento in cui dall'ampiezza del sonno ritornava nel passaggio stretto della realtà. Si rendeva conto di essere ancora sulla Terra e che il suo corpo era il limite del gioco: aveva quello come riferimento, strumento e mezzo. Il suo corpo era ancora qui, mentre tutto il resto era inglobato nella rete del ragno, perché ciò che la rendeva davvero Alma – la voce di sua madre che la chiamava dalla terrazza, lei che guardava in su, la strada invasa dalla luce – era addormentato. Ma non solo in lei: in tutti. Miliardi di esseri umani si muovevano per le strade, in preda al sonno, in attesa della fine che sarebbe arrivata presto.

Intanto il tempo faceva ciò che sapeva fare meglio: passava.

«Starai via molto?» le aveva chiesto l'Ammiraglio quando era partita per lo Sram. Se ne stava abbarbicato su uno sgabello, intento a riordinare le copertine dei libri in base al colore, perché Alma li rimetteva nella libreria a casaccio.

«Non lo so.»

«Chi è?»

«Una bambina. Cieca.»

Lui si era girato per guardarla, con in mano un volume che lei aveva divorato mesi prima; era uno dei preferiti dell'Ammiraglio e in copertina c'era disegnata una sfera grigia da cui partivano una serie di scale bianche.

«È importante per te? Fa parte della tua famiglia?»

Alma aveva scosso la testa.

«La mia famiglia non c'è più.» Era la prima volta che riusciva a dirlo.

«Lo sospettavo» aveva detto lui, e nella sua bocca sembrava quasi una cosa di cui poter sorridere.

«Se è importante... be', non lo so. Non lo so ancora, voglio dire.»

L'Ammiraglio non ci aveva capito molto, le aveva solo raccomandato di stare attenta quando aveva saputo che sarebbe andata fino allo Sram, perché di quella gente non si fidava per niente.

«Non sarò da sola.»

«E chi viene con te?»

«Un ragazzo. Si chiama Edward.»

Lui si era accarezzato il mento con le mani, vestendo un'espressione di scherno.

«È carino?»

«Ma che c'entra!» aveva risposto lei.

«È biondo? Moro? Ha i capelli blu? A me sono sempre piaciuti i capelli blu, me li volevo fare da ragazzo ma avevo paura di non essere preso sul serio. È un rimpianto, sai? Alla fine nessuno ti prende sul serio in ogni caso, tanto valeva che me li facessi e basta. Quindi, com'è?»

Alma era rimasta un attimo in silenzio, sostenuta.

«Non mi importa se è carino o meno. Abbiamo una cosa importante da fare. E poi...»

«E poi?»

«E poi è piccolo. Ha tipo diciassette anni.»

«Quindi è carino.» Ed era tornato a sistemare la libreria in rigido ordine cromatico.

16

«Avete dormito bene?»

Li ha accolti e nutriti senza fare domande. Si è occupato innanzitutto di Luna, che ora ha un altro volto, disteso, roseo: ha bevuto fino a non aver più sete, ha mangiato due piatti di sformato di legumi e riposato per più di dieci ore su un materasso morbido che le è parso una nuvola, abituata com'è ai giacigli ruvidi dello Sram.

«Ho fatto tanti sogni» dice, contenta, sedendosi al tavolo per fare colazione.

Alma intuisce che la bambina vorrebbe raccontare di Oltre, ma lei non ha mai parlato con l'Ammiraglio delle connessioni e non vuole iniziare ora. Nella sua notte si sono manifestate delle presenze più intense rispetto a prima. Probabilmente è successo anche a Edward, ma il ragazzo tiene gli occhi bassi e il pensiero inchiodato al furto della piovana. Ne parleranno quando saranno soli, non ora. Così si intromette a gamba tesa.

«Io non sogno» mente.

«Me l'hai già detto altre volte, ma non è possibile» le dice l'Ammiraglio con tenerezza, versandosi il tè.

Alma fa spallucce.

«Sai perché non è possibile? Perché il cervello butta sempre via i dati in eccesso. E collega quelli del giorno.»

Luna ha capito che non deve proseguire con il discorso di prima. Ma entra in questo, perché l'uomo colorato le piace moltissimo.

«Sì, è vero, l'ho letto anch'io» biascica, con in bocca un biscotto.

Alma beve il suo succo d'arancia e le viene da sorridere, notando come Luna fissi adorante quell'uomo anziano che oggi è coperto di arancione da capo a piedi, comprese le scarpe e il cappello. Ogni giorno sceglie un colore diverso. Una volta lei gli ha chiesto il perché. «Perché mi piace» ha risposto l'Ammiraglio. «E perché moriremo di sete» ha aggiunto, «ma adesso siamo ancora vivi.»

«Sono i collegamenti che il cervello fa sognando a permettergli di imparare, non è bellissimo?» chiede l'uomo, rivolgendosi direttamente alla bambina.

«Sì, sì. Un sacco di collegamenti.»

«Uhm, il mio non li fa» puntualizza Alma.

«Peccato» continua l'uomo. «Io sono così intelligente perché ho sempre dormito tanto. E sono bello per lo stesso motivo.»

Luna scoppia a ridere e Alma si ritrova a seguirla,

suo malgrado, strozzandosi con i cereali proteici. Non si ricorda quanto tempo in vita sua ha passato senza ridere e non si tratta degli anni in strada, ma del prima. Da piccola avrà riso? Era troppo impegnata a essere perfetta; magari sarà successo quando dava tregua a sé stessa, chissà. L'Ammiraglio invece l'ha fatta ridere spesso e lei tutte le volte si è sorpresa e stranita per quell'uomo e per le sue motivazioni, lui che si è portato in casa una vagabonda che poteva strangolarlo nella notte. Vorrebbe chiedergli come ha fatto a fidarsi, come è riuscito a non sentire tutte le paure avvolgerlo, lei che dalle paure è sempre stata avvolta come in una tela di ragno.

"Sono una donna giovane e lui è un uomo vecchio: so come funzionano queste cose" aveva pensato appena arrivata, poi però era sbucata fuori la stampa di una fotografia – l'aveva trovata frugando nel primo cassetto di un antico comò nella camera dell'Ammiraglio – e si era detta che da giovane era davvero bello e lo era anche l'uomo che era con lui, entrambi vestiti di bianco e senza scarpe, in un posto di mare che lei non conosceva.

Quello che conosce è il corpo, il suo e quello degli uomini. Le è capitato di fare cose per soldi, mentre era in strada, per non morire: Alma si è buttata via in modi che non vuole ricordare. Ma in un tempo lontano, quando era poco più che una ragazzina, il corpo l'ha usato anche per amore, lo stesso che le solletica lo stomaco guardando quella fotografia dove i due uomini sorridono, prima di tutto.

L'Ammiraglio è nato alla fine degli anni Settanta del vecchio secolo. Nel nuovo ha portato con sé parecchi soldi, una malinconia quieta e la passione per certi cantanti che non ricorda nessuno. Al pomeriggio mette canzoni d'altri tempi e beve vino rosso che conserva in una cantina, l'unica stanza della casa con l'allarme.

«Se vuoi rubare, ruba questo» le aveva detto appena arrivata. «È la cosa che ha più valore, qui dentro.»

«A me non piace il vino» aveva risposto Alma.

«Dobbiamo rimediare.»

Le piacevano però i libri di carta di cui la casa strabordava. Quando viveva con i suoi ce n'erano solo un paio, tenuti come reliquie dal padre. Per il resto, aveva sempre letto in digitale con i visori, come tutti; lo trovava comodo e non capiva come si potesse preferire tenere tra le mani un oggetto pesante e scomodo da maneggiare. Ma dall'Ammiraglio aveva iniziato a trascorrere intere giornate a leggere e, senza connessione stabile, si era adattata al nuovo mezzo. I libri le parevano strani, soprattutto trovava curiosa la questione del girare le pagine e doverli tenere stretti, altrimenti ti cadono in faccia mentre sei sdraiata. Ma avevano un buon odore ed era bello sentire il suono della carta tra le dita.

«Stai diventando una donna del vecchio secolo» la prendeva in giro lui con una punta di orgoglio, quando la vedeva così. Alma lo guardava di sottecchi sentendo un calore nuovo sulle spalle, come una specie di resa.

17

«Ho visto di nuovo gli Elohi» esordisce Luna. È china su un vaso di terracotta dal quale spuntano una decina di gerbere. Il sole del pomeriggio filtra dalle tende che l'Ammiraglio ha montato a protezione del terrazzo e i suoi raggi scaldano i petali viola e gialli di bioplastica.

«Sembrano vere» aggiunge la bambina, per prendere tempo. L'ultima volta parlare degli Elohi ha causato la rabbia di Alma e lei non vuole ferirla, solo che le immagini tornano più vive a ogni connessione, come se la stessero chiamando.

La ragazza ha le mani occupate da un mazzo di girasoli altissimi, i preferiti dell'Ammiraglio. Sceglie un vaso tra quelli accatastati vicino alla parete, lo appoggia a terra e sistema i fiori con cura. Rialzandosi, ammette: «La voce ne ha parlato anche a me, la scorsa notte».

Edward è seduto a un tavolino bianco e traballante,

immerso nei suoi pensieri cupi. Ma quella frase è una scossa elettrica che lo fa sobbalzare: «È tornata?».

Alma annuisce. «Hanno costruito una città.»

«E le persone si muovono intorno alle vasche dove c'è acqua che cade dall'alto» aggiunge Luna. «Ha un suono bellissimo.»

«Fontane. Me ne parlava mio nonno» dice Edward. «Una volta erano dappertutto.»

«Facevano scorrere così tanta acqua?»

«Già.»

Luna ci pensa un attimo. Poi gli chiede: «Tu li hai visti? Gli Elohi, dico».

«Io non vedo, lo sai» risponde il ragazzo.

«Questo dovrei dirlo io» ride Luna.

«No... intendevo...»

Ma anche Alma sorride. Sono entrambe più leggere oggi, la ragazza e la bambina; solo lui è un pezzo di piombo che rimane ancorato a terra.

«C'erano scale bianche, una sfera grigia. Rubedo mi indicava dei particolari ma non riuscivo a trattenerli, erano troppi.» Luna sembra cresciuta di colpo nella notte, come una pianta che spinge in alto i rami dopo la pioggia. «E non ho ancora capito dove si trovano.»

Scale bianche che escono da una sfera grigia: ad Alma quell'immagine ricorda qualcosa, ma non riesce a metterla a fuoco. Sa bene che durante la notte si presentano cose importanti, spesso travestite.

Quando era adolescente aveva visto i suoi genitori allontanarsi in una bolla che si faceva sempre più piccola, fino a sparire all'orizzonte, e il mattino dopo li aveva affrontati, chiedendo se c'era qualcosa che non le avessero detto. I loro sguardi atterriti le avevano dato la risposta prima delle parole. Dopodiché avevano seguitato a rimpallarsi la colpa, accusandosi a vicenda di aver parlato con la figlia del loro proposito di morire prima di quanto avessero stabilito.

Anche la vita del dopo – la strada – era stato il realizzarsi di quello che sembrava un incubo ricorrente, ma altro non era che l'inizio della connessione: la mendicante arrivava con i suoi stracci sporchi e i piedi piagati, nel sogno le tendeva le mani e le sorrideva, ma Alma sentiva ugualmente il terrore sovrastarla. Intuiva che il suo destino avesse a che fare con lei. Eppure quella donna, sulla testa, reggeva una corona, anche se lei ancora non poteva vederla.

«Prima di cercare gli Elohi, devo trovare la piovana» afferma Edward. «Ho bisogno di tempo.»

Luna guarda Alma, che ha un'espressione indecifrabile. Allora si rivolge a lui: «Come farai?».

«So chi è stato. Ha sempre odiato mio nonno e me di conseguenza. I suoi cyborg hanno in mano la parte occidentale di Byzan.»

«Ed è... pericoloso?» gli chiede la bambina.

«Certo che è pericoloso» si intromette Alma, e a Edward domanda: «Come pensi di uscirne vivo?».

«Non voglio mettervi in mezzo. È una questione mia. Aspettatemi qui.»

«Puoi farti aiutare dall'Ammiraglio, è più alto di te» tenta Luna.

Lui si abbassa un po' per guardarla negli occhi. «Non mi serve nessun aiuto. E tu non ti devi preoccupare, non mi succederà niente.»

«Ti uccideranno di sicuro.» La voce di Alma è d'improvviso molto più forte. Gli altri due si voltano. «Ti faranno del male, perché non sei capace di difenderti.»

Le sue parole sono sassi che colpiscono Edward dritto in faccia.

«Io mi so difendere eccome.»

«E quale sarebbe la tua strategia? Sentiamo.» Alma avverte qualcosa che le brucia nello stomaco, un acido che risale le pareti della gola e al quale non riesce a dare un nome.

Edward si aggrappa alla propria calma come un naufrago a un'asse di legno. «So dov'è. Al mercato nero, per valutare i prezzi di vendita. Prima lo facevo anch'io.»

«Bene. E una volta che gli arrivi di fronte, sempre che uno dei suoi cyborg non ti stacchi le braccia prima, cosa hai intenzione di dirgli? "Ridammi la piovana del nonno"? "Sei brutto e cattivo"?»

Gli occhi di Edward si fanno cupi. «Guarda che non hai sofferto solo tu.»

«Ma sono sopravvissuta in strada due anni. Tu invece hai avuto sempre un tetto sulla testa e qualcuno che ti nutriva. Non hai idea di cosa siano capaci le persone. Non ne hai la minima idea.»

Il ragazzo si alza, passandosi veloce una mano sui capelli. «Sai di cosa non avevo idea? Che mi considerassi così stupido.»

Guardandolo rientrare in casa, Alma non riesce a calmare il respiro e vorrebbe prendere a pugni qualcosa, un muro, una porta, qualunque cosa. Luna invece rimane in silenzio, ma ciò che pensa le scorre visibile appena sotto la pelle chiarissima.

«Suo nonno è morto quando aveva quindici anni» dice infine.

«Non me ne frega niente!» grida Alma, lo grida fortissimo, e subito dopo si pente di aver investito la bambina con una rabbia che non ha a che fare con lei.

Ma Luna non se ne fa carico. «A me invece sembra che ti freghi un bel po'» replica, poi la lascia seduta al tavolino bianco, sola con la sua frustrazione.

18

Il ragazzo sa perfettamente dove si tengono le quotazioni dell'acqua. Vi ha sempre preso parte, per trovare acquirenti alla piovana prodotta e smerciata illegalmente. Alma lo crede un ragazzino, ma lui è abituato a vivere fuori dalla legge molto più di lei e il riflesso condizionato di evitare lo sguardo dei militari che portano i razionamenti non lo abbandona mai. Suo nonno gli ha insegnato la quiete dell'anima, ma ciò non vuol dire che la sua pelle sia morbida: in realtà è nera e resistente come cuoio.

Arriva a un capannone industriale che da fuori sembra solo un ammasso di lamiere e parcheggia la sua tre posti sul retro, lontano dalla strada. Il sole è appena tramontato e presto farà buio.

Sa di non poter portare con sé il fucile – non sarebbe un'entrata che bendispone chi lo vede arrivare – così si ficca in tasca un regalo che gli ha fatto il nonno quando ha compiuto dodici anni: un coltello a serramanico con le sue iniziali. I laser li devi depositare all'ingresso, mentre quell'affare non viene rilevato dai sensori, pur tagliando allo stesso modo. "Siamo esseri di carne, tanti se lo scordano..."

Anche suo nonno portava sempre con sé un coltello. Era un uomo di pace ma su di lui avevano fatto la guerra: le cicatrici chiare formavano una ragnatela sulla pelle d'ebano. Quell'oggetto gli serviva più che altro per tenere lontani i fantasmi, eppure l'avrebbe saputo usare in caso di pericolo, si capiva da come lo teneva in mano per pulirlo. "Che ti hanno fatto?" avrebbe voluto chiedergli Edward, ma non ne aveva mai avuto il coraggio.

Era venuto dall'Africa all'inizio del secolo, inscatolato in uno di quei barconi fatiscenti che attraversavano il mare senza esserne in grado, con la stessa incoscienza del calabrone che è troppo pesante per volare ma lo ignora, e in aggiunta un bel po' di disperazione. Aveva solo i suoi vent'anni e nessuna lingua nella gola; a quel tempo non c'erano i chip di traduzione simultanea e lui era arrivato in un Paese straniero senza saper dire una parola. Lo raccontava a Edward, da piccolo, quando era in vena di ricordi, anche se quella voglia gli veniva di rado.

Quando il ragazzo entra nel capannone ci vuole un po' perché i suoi occhi si abituino all'oscurità. A prima vista sembra un posto abbandonato, invaso da sporcizia e vecchie macchine arrugginite. Ma in un angolo, dietro un'impalcatura, c'è una botola da cui filtra un rivolo di luce. Edward ci batte sopra tre volte con il piede.

«Fino a quando la giustizia non scorrerà come l'acqua» dicono da sotto.

«E la libertà come un fiume possente» risponde il ragazzo.

La botola si apre e in un attimo torna a lui il mondo che ha lasciato una manciata di settimane prima, quando non faceva altro che smerciare piovana, prima che Alma piombasse di nuovo nella sua vita. Una rampa, arrotolata su sé stessa come una scala a chiocciola, lo trasporta fino ai sensori di controllo, dove risulta pulito. Un passo ancora e viene travolto dalle grida e dagli odori di decine di esseri umani stipati in un posto chiuso: il mercato nero di Byzan è scavato nel sottosuolo e si estende per centinaia di metri, come un'enorme piazza interrata.

Ovviamente dell'acqua non c'è neanche l'ombra, ma tutti quelli che disattendono gli ordini governativi di non commerciare la piovana si trovano lì, per contrattare i prezzi di vendita e concludere l'affare nel modo più vantaggioso. Ci sono anche gli intermediari, gente che acquista piovana per poi rivenderla in altri territori o in circoli chiusi. Le promesse dell'acqua sono fatte sulla parola, poi lo scambio avviene in altro luogo; com'è ovvio, chi non mantiene la promessa muore, ma nessuno se ne dispiace più di tanto.

«Ehi, ma dov'eri finito?» gli chiede un tizio basso con un occhio azzurro e uno nero. C'era stata la moda di cambiare colore alle iridi, prima del diluvio asciutto: i ragazzi lo facevano tutti; adesso sono diventati giovani uomini che assomigliano a cani da slitta.

«Ho avuto da fare.»

"Dovevo seguire i numeri apparsi nella mia testa, che mi hanno portato da una bambina cieca a cui ora è affidato il mio futuro" pensa Edward, ma non lo dice. A volte si sente ridicolo, ma in fondo ha solo seguito ciò che è arrivato, fidandosi del suo istinto, e spera sia stata la scelta giusta.

«Dov'è Erin?» chiede.

Il ragazzo con gli occhi spaiati gli fa un cenno con la testa, indicando un gruppo di cyborg stretti intorno a qualcuno. «Laggiù.»

All'inizio Erin commissionava a suo nonno un bel po' di lavori, aggeggi che lui creava chiudendosi nel garage per giorni interi: d'altronde era uno degli unici a saper maneggiare con maestria impianti elettrici e magnetici, macchine analogiche o a controllo numerico, tutte cose in voga nel vecchio secolo che molti non sapevano più come far funzionare. Da bambino Edward lo guardava lavorare, ipnotizzato dal movimento delle sue mani sulla materia, che trasformava come un alchimista o un mago. Erin veniva ogni mese a ritirare, pagava sempre puntualmente e questo permetteva loro di vivere bene.

Solo una volta il nonno si era rifiutato di eseguire ciò che gli era stato chiesto. «Non ti ho mai domandato come usi questa roba» l'aveva sentito dire con un tono duro, facendo capolino dal suo nascondiglio tra le casse di legno. «Ma stavolta è troppo.» Non aveva mai capito di cosa si trattasse, eppure da quel momento la loro vita era stata più difficile, perché Erin non perdonava gli sgarbi. Quando il nonno era morto aveva traslato l'odio su di lui: era qualcosa che il ragazzo avvertiva a pelle, anche se evitava in tutti i modi di averci a che fare. Erin aveva la sua piovana, quantitativamente molto superiore a quella di Edward, e fino ad allora le cose erano andate bene così. Ma a commissionare il furto, attendendo il momento in cui si fosse allontanato, non poteva essere stata che *lei*.

«Chi si rivede.» È una donna di mezza età ancora molto bella, con grandi occhi chiari e i capelli biondi raccolti in una treccia lunghissima e arrotolata sulla testa. Indossa una tuta blu elettrico e ha un fucile termico stretto nella mano sinistra. Quando il ragazzo si avvicina, lei fa cenno ai suoi cyborg di lasciarlo passare. «Credevo fossi morto come il tuo vecchio, è un po' che non ti fai vedere.»

«E invece.» Gli occhi verdi di Edward sono fiamme che gli accendono il volto.

«Cosa vuoi da me, ragazzino?»

Lui stringe più forte il coltello chiuso in tasca.

«La mia piovana.»

L'espressione di Erin lo spiazza. Una ruga di sorpresa le increspa la fronte.

«Ma davvero. Quindi il bambino non ha più il suo giocattolo? Come mi dispiace.»

«Dove l'hai portata?»

Lei gli si avvicina, fino a sfiorargli il collo. La sua voce è un sussurro.

«Se l'avessi presa io, ci avrei innaffiato i fiori sulla tomba del tuo vecchio.»

Un attimo prima che il ragazzo decida se piantarle il coltello in gola, si sentono delle grida provenire dall'ingresso del mercato. Entrambi tendono i muscoli dell'allerta. La voce è quella di una donna, e arriva mescolata agli ordini confusi degli addetti alla sicurezza. A Edward si gela il sangue quando riconosce Alma gettata in mezzo alla piazza da due cyborg: intorno a lei si sta radunando velocemente una piccola e pericolosa folla.

19

In un attimo è al suo fianco, le fa scudo. «È con me» grida. «È a posto.»

«Da quando ti porti gli amici, Ed? Non è mica una gita» gli dice il giovane dagli occhi colorati. «Se quella parla, siamo fottuti.»

«E allora facciamo in modo che non parli.»

Un uomo sulla sessantina fa un passo in avanti, insieme ad altri due. Prima di mettersi a commerciare la piovana, quei tre si occupavano di armi e probabilmente continuano a farlo. Non lì, perché è il punto di smercio dell'acqua, ma in altri mercati, in altri sottosuoli. In quel luogo si incontrano persone molto diverse tra loro, gente che per vivere ha sempre trafficato – in cosa, poco rileva – e gente come Edward, che ci si è trovato dentro per bisogno, anche se a volte questa sembra una scusa anche a lui: tanti altri non hanno fatto lo stesso. In fondo ha scelto, prima come ora, e questa è l'unica certezza che c'è.

«Le tagliamo la lingua, io mi diverto a fare queste cose» dice il più giovane dei tre. «Datemi un laser.»

«Meglio ucciderla e basta, non voglio macelli di sangue in questo posto» ribatte l'uomo enorme che ha controllato Edward ai sensori: insieme alla sua squadra si assicura che lì dentro tutto fili liscio. Quel luogo è di proprietà della mafia dell'ovest, che ha scavato una serie di mercati sotto la città già negli anni Trenta.

«No. È con me. Non parlerà» dice Edward. «Non vi avvicinate.»

Erin filtra attraverso il gruppo, che istintivamente si apre per lasciarla passare. La donna ha un alone magnetico, come se dalla sua pelle emanasse luce. "È bellissima" pensa Alma vedendola arrivare. Non ha la freschezza della gioventù ma ha in sé qualcosa di più antico e profondo. Cammina a testa alta, eppure nel suo sguardo non c'è disprezzo per gli altri, solo una grande centratura. Di colpo la paura che stringe la gola alla ragazza, da quando ha sbagliato la frase per entrare in quel dannatissimo posto, si quieta.

Erin ricambia il suo sguardo e la riconosce. "Non può essere lei. Eppure." Si avvicina e le tende una mano per farla alzare, così può guardarla più da vicino. "Sì, non mi sto sbagliando, è proprio lei." Abita le sue notti da sempre, appare con una corona e una coperta di stelle a mostrarle la via, nei momenti bui.

«Imperatrice» le dice in un sussurro quando le è vicina, in modo che gli altri non sentano.

Alma sente quella parola bucarle la testa come un proiettile. Non riesce a dire niente, così lascia la sua mano in ostaggio alla donna, che la tiene vicino a sé, tirandola fuori dal cerchio.

«Lasciala stare.» Edward arriva di fronte a Erin, ma lo sguardo ammorbidito di Alma gli instilla un dubbio per la seconda volta in poco tempo. "Non ha intenzione di farle del male? Le ha detto qualcosa all'orecchio. Cosa vuole da lei?"

«Non farò niente alla tua amichetta, stai tranquillo. Ti vedo un po' teso, ragazzino.»

Ma i tre delle armi non vogliono che la questione finisca così.

«Riportala qui. La risolviamo noi.»

Erin spinge Alma tra i suoi cyborg, che fanno muro per proteggerla.

«Non credo dobbiate risolverla voi» dice.

Edward è incredulo. Alma la dura, Alma che è sopravvissuta in strada, è incapace di difendersi in questo momento, come ipnotizzata. E in più sembra che Erin sia sorprendentemente dalla sua parte e non c'è tempo di chiedersi perché. Così tira fuori il coltello a serramanico e si mette al fianco della donna, davanti al gruppo di cyborg.

«Nessuno muova un passo» dice Edward alla folla, anche se la paura gli annebbia gli occhi.

«Vi vedo tutti parecchio nervosi.» Un uomo anziano completamente vestito di viola cammina con calma verso il gruppo che sta per passare alle armi. La sua sola presenza, in un posto come quello e in quel preciso momento, stranisce i presenti e concede tempo.

Alma torna in sé quando lo vede. "Cosa diavolo ci fa, quaggiù? È un matto. Si farà uccidere."

«Credo che sia possibile trovare una soluzione senza scaldarsi troppo» dice l'uomo, raggiungendo il centro del cerchio.

Un cyborg prova a prenderlo alle spalle, ma lui si scosta di lato quel tanto che basta per girarsi e atterrarlo con un colpo della mano a taglio, senza neppure spettinarsi i capelli.

«Vedo che hai ancora ottimi riflessi, Ammiraglio» dice il più anziano dei tre commercianti di armi. «Forse però non ti basteranno.»

«Tavor, non farla più lunga di quella che è. La ragazza è venuta ad aiutare il suo amico. Non apprezzi la bellezza dell'amore giovanile? Quello che ti fa battere il cuore? Non ti ricordi di quand'eri giovane, Tavor? E non dire che tu un cuore non ce l'hai perché sembrerebbe la battuta di un brutto film.»

«Non lo dirò, stai tranquillo. Tu intanto inizia a pensare alle preghiere.»

«Le recito ogni sera, ti ringrazio. Dovresti farlo anche tu. E respirare con più calma: ricorda che l'agitazione raramente conduce a qualcosa di buono. In ogni caso ho portato per te e i tuoi amici un regalo che spero possa allietarvi» continua l'Ammiraglio, mentre la folla gli si stringe intorno.

«Di piovana ne abbiamo quanta ne vuoi, vecchio» dice il tizio con gli occhi bicolore.

L'Ammiraglio lo guarda con quella che pare tenerezza. «Mi ricordi un Husky che aveva mio padre: per essere un cane era estremamente intelligente. Ma non si tratta di piovana, sai? Vi ho portato un po' di sorgiva, di sopra ce n'è una decina di casse che verranno distribuite con ordine da alcuni miei fidati collaboratori.»

Al suono di "sorgiva" cala il silenzio nel mercato. L'acqua di terra disseta cinque volte di più dell'acqua di cielo. Se quell'uomo non mente – e assaggiandola lo scopriranno subito – vuol dire che è in grado di trattare con i militari, perché un quantitativo del genere non riesce ad accumularlo nessuno. Questo pensano i più giovani, mentre i più vecchi gli credono sulla parola perché conoscono le voci sul passato dell'Ammiraglio, anche se la sua storia completa rimane un mistero.

«E chi ci assicura che la ragazza non parli?» chiede il più giovane dei trafficanti di armi, ma la convinzione che prima lo abitava si diluisce al pensiero dell'acqua fresca che scende in gola e al piacere che si allarga liquido nel cervello.

«Io» afferma l'Ammiraglio. «Direi che può bastare. Ora andate, ché ho una cena da preparare e una tovaglia verde bosco già pronta.»

Quando la folla inizia lentamente a disperdersi, Erin gli si avvicina.

«Il mio capitano» dice con un sorriso. «Come stai? È tanto che non ti fai vedere.»

«Sto bene, principessa» risponde lui. Poi fa un passo indietro e allarga le braccia in maniera plateale. «Tu, piuttosto, sei splendida. Guardati: ucciderei per avere la tua pelle.»

Erin gli fa una carezza sulla guancia rugosa. «Non l'hai mai avuta, tu, la mia pelle. E nemmeno io la tua, purtroppo...»

20

«Potevi farti ammazzare, e far ammazzare anche me.»

Quando salgono in macchina, Edward è *furioso*. Più di tutto, è *furioso*. Adesso che la paura è passata, è *furioso*.

Non si ricorda di essere mai stato così arrabbiato. L'energia che gli attraversa il corpo è una corrente fatta di atomi veloci che sbattono gli uni sugli altri, reazioni chimiche nelle cellule, vento che arriva dal Nord e chissà cos'altro.

Alma ha perso la voce. Non riesce a lasciar andare quella donna venuta a chiamarla con il nome che non osa dire, quello che il suo istinto conosce, l'altro lato della mendicante. "Cosa sa di me?" continua a ripetersi. Edward è ancora più arrabbiato perché capisce che il pensiero di Alma non è rivolto a lui, che in quel salvataggio è servito a poco o forse a niente.

«Hai ragione» dice la ragazza sottovoce; il suo orgoglio è piegato e la durezza – pianta infestante – al momento non trova sostegni sui quali arrampicarsi. «Ho sbagliato a venire.» Ma la verità è che quando lui l'ha vista, in mezzo alla paura e all'angoscia ha avvertito una sorta di felicità primordiale. "È venuta per me."

Quando arrivano a casa, Luna corre loro incontro e li abbraccia forte.

«Lo sapevo che sarebbe arrivato in tempo!» grida.

L'Ammiraglio è tornato da solo, si è già cambiato e li aspetta vestito di bianco al tavolo del soggiorno. Le finestre sono spalancate ma non tira un alito di vento: Byzan si prepara a un'altra notte calda.

«Penso che sia opportuno confrontarci su un paio di questioni» dice. «Ho preparato un po' di acqua e menta, per rinfrescarci le idee.»

«Sei stata tu a mandarlo da noi?» chiede Edward alla bambina, che gli si stringe alla vita. Lei annuisce.

«Ci hai salvati, lo sai?» le dice accucciandosi, così lei gli salta al collo e lo fa cadere di schiena. Rotolano sul pavimento e si fanno il solletico, poi Luna gli dice all'orecchio: «Ho avuto paura».

«Anch'io» ammette lui. «Anch'io.»

I due ragazzi si siedono al tavolo, l'uomo colorato li guarda. Prima uno, poi l'altra.

«Penso di avere diritto a una spiegazione» dice. «Luna mi ha accennato qualcosa.»

Alma si sente chiamata in causa molto di più, essendo lei quella che ha vissuto lì, che ha preso lo spazio che lui le offriva, per poi andarsene e di nuovo tornare.

«Gli ho detto delle connessioni» ammette la bambina. «Sentivo che eravate in pericolo già quando siete usciti e così ne ho parlato con lui. Non sapevo che altro fare.»

«Non ti preoccupare» la rassicura Edward. «Hai fatto la cosa giusta.»

«Io non lo so quando tutto è davvero iniziato» spiega Alma, lo sguardo basso sulle mani. «Da piccola credevo che fossero sogni, perché capitavano di notte. Arrivavano mondi che non conoscevo, creature, immagini, ma la cosa strana era che lì dentro mantenevo il controllo: era un sogno consapevole, che potevo dirigere.»

L'Ammiraglio le versa un po' di acqua e menta. Lei si chiede se gli siano rimaste delle scorte e il senso di colpa per la quantità di sorgiva che ha barattato in cambio della loro salvezza le arriva addosso tutto insieme.

«Bevi» dice lui, poi lo sguardo gli si ammorbidisce perché intuisce i suoi pensieri. «Non ti preoccupare, ne abbiamo ancora. E comunque so come procurarmela, in qualche modo faremo. Continua.»

«Le immagini erano spesso le stesse, come i personaggi di un libro» riprende Alma. «Solo che non capivo se era la mia storia o quella di qualcun altro. A volte mi sembravano entrambe le cose, come se io fossi un frammento di qualcosa di più grande e unitario, che per un periodo si distingueva dal resto prendendo una forma.»

«Elementi singoli che fanno parte di un tutto» dice l'Ammiraglio. «Capisco.»

«Per molto tempo non si sono ripresentate. Quando vivevo in strada sentivo solo buio e silenzio. È stato qui da te che ho ricominciato ad avvertire il battito nell'orecchio e mi è arrivata l'immagine di un ragazzo. All'inizio ho pensato che fosse solo un ricordo, ma sullo sfondo c'era una voce, mi raccontava di una bambina che avrebbe trovato una nuova sorgente, mi diceva che avrei dovuto cercarla insieme a quel ragazzo e che dovevo farlo in fretta. Quella voce è tornata per giorni, settimane, non mi dava tregua. Ho *dovuto* seguirla.»

«Mi hai sempre detto che non sognavi» osserva l'Ammiraglio.

«Già» ammette Alma. «Forse non mi fidavo... non mi fidavo di te.»

«Capisco. Anch'io non mi sarei fidato di uno che si veste ogni giorno di un colore diverso.»

«A me i tuoi colori piacciono tanto» dice Luna, andandogli vicino.

Lui se la stringe accanto. «Tu però non ci vedi proprio bene» risponde. La bambina ride, e i ragazzi si rendono conto in quel momento che avrebbero potuto non trovarsi lì e non essere insieme, invece alla fine sono vivi e possono ancora cercare la sorgente, che è là fuori da qualche parte ad aspettare loro tre.

«Per me è stato diverso, però anche simile» spiega Edward. «Ho sempre pensato che i numeri fossero miei amici. Lo dicevo fin da piccolo, così raccontava il nonno. Ma quelli erano diversi da tutti gli altri, quelli che sono arrivati la notte in cui ho conosciuto Alma. Sono tornati qualche giorno prima che lei venisse di nuovo a cercarmi. Formavano l'immagine di una bambina, la sorgente… e tutto il resto.»

«Non sapevo se ti avrei ritrovato» gli dice Alma, mentre il sollievo della verità le si posa sulle spalle.

Eppure c'era riuscita. Lui ricorda ogni minuto di quel giorno, e della notte che ne era seguita.

21

Il pensiero della mendicante dal giubbino rosso non l'aveva abbandonato. Oltre due anni e mezzo dopo, i neuroni gli riproponevano il ricordo con esattezza: il profilo della bocca di Alma e i suoi occhi scuri si erano incagliati nelle maglie del suo cervello e giacevano lì, come il relitto di una nave.

Quel pomeriggio si stava allenando in garage. Si era alzato dalla posizione accovacciata che gli aveva addormentato i piedi per agganciarsi con un salto alla sbarra fissata al soffitto, lasciando penzolare le gambe e i pensieri pesanti. "Mi ricorderà solo come un bambino stupido che non sapeva dire niente. O magari non si ricorderà neppure di quella sera e di me."

Alma, in quel momento, non era distante. Era il quinto giorno di ricerche e sentiva di essere sulla strada giusta: il posto in cui anni prima aveva incontrato il vecchio e il ragazzo aveva un'energia speciale, una specie di campo magnetico. Aveva avvertito l'avvicinarsi alla meta con tutto il corpo, come se le sue cellule vibrassero secondo un ordine prestabilito e il sangue le attraversasse in maniera più fluida.

"Le cose giuste sono semplici" era una frase che diceva sua madre e le era venuta in mente proprio in quell'istante: Alma aveva risentito la sua voce dopo mille anni ed era tornata a occhi chiusi alla piega del collo su cui adagiava il viso quando si sdraiava accanto a lei, prima di dormire. "Le cose giuste sono semplici." Per lei non c'era mai stato nulla di semplice, fino a quel momento.

L'aveva visto e riconosciuto, in un unico istante. Era appeso a qualcosa, con le braccia in tensione e i muscoli in rilievo. Non era più un ragazzino e non era ancora un uomo, ma il suo corpo riempiva lo spazio con la sua presenza.

Poi, lui aveva alzato lo sguardo.

Il respiro gli si era fermato nella pancia e le mani avevano ceduto di colpo, facendolo piombare giù. "Non esiste una possibilità di questo tipo. Non c'è probabilità che lo giustifichi." La sua mente aveva preso a girare in tondo, incapace di spiegarsi quella singolarità, il pensiero di lei che si materializzava d'improvviso.

Alma si era avvicinata mentre lui la fissava come fosse un fantasma.

«Non so se ti ricordi di me.»

Edward taceva.

«Mi avete dato dell'acqua. E del cioccolato, mi pare. È successo parecchio tempo fa.»

Il ragazzo aveva scovato nel petto una voce che non era la sua.

«Mi ricordo.» "Calma, Edward, respira."

Lei si era guardata in giro. «Dov'è quel signore anziano?» aveva chiesto.

"È qui, sempre con me" avrebbe voluto dire lui. Ma aveva risposto: «Mio nonno è morto».

Lei aveva avvertito una piccola fitta al fianco, anche se era diventata brava a non dispiacersi per nessuna cosa al mondo. «Mi ricordo le sue mani» gli aveva detto. «Erano grandi.»

Edward non si capacitava che quella creatura fosse lì di fronte a lui e che gli stesse parlando.

«E poi mi ricordo i numeri dentro i tuoi occhi.»

Era rimasta molte ore con lui. Le parole tra loro all'inizio andavano a scatti – una macchina arrugginita – ma presto avevano trovato il modo di scivolare le une sulle altre, o di farsi piccole per lasciare spazio al silenzio. "Ti conosco già" avevano pensato entrambi, ma lei aveva attraversato a piedi l'inferno e lui era solo un ragazzo, così si erano limitati ad annusarsi, decidendo in silenzio di attendere un tempo diverso per farsi più vicini.

Avevano fatto lo stesso sogno, quello di una bambina cieca che li aspettava, perché insieme avrebbero trovato una sorgente di acqua nuova. Se l'erano detti in piedi davanti al banco da lavoro, dove Edward le spiegava come funzionavano tutti quegli oggetti di legno e metallo che Alma non aveva mai visto. Il primo che aveva preso in mano, da bambino, era stato il martello. Poi il cacciavite, anche se ci era voluto un po' per capire come tenerlo in verticale, spingendo sulla vite e girando allo stesso tempo. Quello però era un lavoro che la più stupida delle macchine avrebbe svolto in un secondo, aveva pensato Alma.

«A che serve fare fatica?» gli aveva chiesto.

«Non saprei. Forse usare le mani mi aiuta a non perdermi nella mia testa.»

Erano rimasti in ascolto di quel flusso di energia così evidente che si muoveva tra loro, due circuiti che avevano trovato l'uno nell'altro un punto di ricarica. Tutto il tempo vissuto fino a quel momento di colpo era diventato passato, riassunto, storia necessaria a trovarsi in quell'attimo, come fosse lì l'inizio di tutto, quando pensavano fosse la fine.

Fuori ormai si era fatto buio, così Alma si era accucciata in un angolo, lontano dalla porta del garage, arrotolandosi su sé stessa come un gatto. La memoria del suo corpo l'aveva riportata in un attimo alle notti in strada e le era salito un rigurgito di paura, poi si era detta che lei un posto dove andare ce l'aveva, ci sarebbe tornata l'indomani. Edward aveva inserito l'allarme ed era tornato con una busta che si era gonfiata istantaneamente: sul pavimento troneggiava un materasso ad aria.

«Non è necessario. Sono abituata.»

«Ma non vivi più in giro.»

Si era pentito subito di essere stato così diretto. Lei non aveva detto nulla, scrollando le spalle.

"Ha vestiti puliti e un buon odore, ha detto di vivere in una casa insieme a un signore che l'ha accolta" aveva pensato Edward. "Eppure è ancora la mendicante, non sa di essere l'imperatrice."

Dopo un attimo di incertezza lui si era sdraiato sul materasso. C'era molto spazio, così si era messo su un lato, lasciando l'altro libero. Con un gesto nell'aria, aveva spento la luce.

Se l'era ritrovata sdraiata di fianco nel profondo della notte, con le mani sotto la guancia, come una bambina. Da così vicino, nel buio del garage attenuato dalle luci azzurrognole dell'allarme, Edward aveva assorbito le linee del suo volto, il naso e gli zigomi, la fronte fino alle orecchie e la curva del mento, poi gli occhi, lentamente, con un tocco immaginario che ripassava le ciglia di lei, la pelle sottile delle palpebre. Le aveva sfiorato la bocca con la punta delle dita e si era figurato la sua consistenza: la morbidezza delle labbra e la durezza dei denti che tanto avevano morso e ringhiato alla vita, fino a quel momento. Era scivolato di nuovo nel sonno invaso da un languore dolce e terribile, mentre i numeri tacevano, addormentati in un posto lontanissimo.

22

Quando Alma era rientrata a casa, il mattino dopo, aveva trovato l'Ammiraglio affondato nella vecchia poltrona, impegnato in un gesto ripetitivo che non gli aveva mai visto compiere: portava alla bocca un pezzo di carta arrotolato e lo aspirava, fino a che l'estremità non si faceva incandescente.

L'odore del fumo riempiva la stanza, aleggiando sui piatti vuoti della tavola ancora apparecchiata. Alma era rimasta in piedi sulla soglia, guardando l'uomo che aveva addosso i vestiti bianchi del giorno prima: questo l'aveva spaventata, perché voleva dire che non era andato a dormire. Sembrava molto arrabbiato.

"Forse mi manderà via." Alma si era irrigidita per assorbire il colpo. "Devo prendere del cibo, non me lo negherà, non è una persona cattiva." Avrebbe dovuto chiedere una borsa per metterci le cose che le aveva procurato lui appena arrivata, quando l'aveva obbligata a lavarsi sul serio, preparandole un bagno caldo con le scorte di piovana e facendole trovare un cambio sul letto, indumenti della taglia giusta.

«Vieni qui.»

La voce dell'Ammiraglio aveva rotto il silenzio e conteneva una sfumatura diversa che Alma non gli aveva mai sentito. Così aveva fatto un passo verso di lui nonostante la paura, mentre la mente si preparava al peggio e il corpo si apprestava a fuggire, tendendo nervi e muscoli, rendendo l'udito più fine. "Mi vuole picchiare? Mi farà del male?"

L'aveva guardato in faccia solo quando era stata molto vicina, perché l'Ammiraglio fumava fissando la parete. Quando si era voltato e aveva incrociato il suo sguardo, si era resa conto che aveva pianto.

«Mi dispiace» le era scappato. Ma nel dirlo si era arrabbiata con sé stessa, facendo un passo indietro. Non doveva dispiacersi e voleva allontanarsi da quella crepa che sentiva aprirsi, perché anche la sua casa aveva iniziato con una crepa, era entrato il vento e da lì tutto il resto. Non poteva sopportarlo, doveva andare via. "Non ho bisogno di lui. Non ho bisogno di nessuno."

Ma i suoi piedi non muovevano un passo.

«Avevamo una bambina.» L'Ammiraglio parlava e la sua voce aveva il colore della notte. «È rimasta con noi… per troppo poco.»

La notte era buia, densa, impenetrabile: Alma la avvertiva tra di loro come un muro di nero vischioso e senza stelle. Gli occhi dell'Ammiraglio ne erano pieni e lei non poteva sottrarsi a quel lago profondo che la inghiottiva. Per la prima volta dopo tanto, tantissimo tempo, riusciva a *sentire*.

La sua pelle di colpo si era fatta permeabile. Tutto il freddo che aveva tenuto dentro per anni stava uscendo e lei non riusciva a trattenerlo, così si era abbandonata a quel brivido, iniziando a tremare forte, a battere i denti, mentre il buio di lui si mescolava al suo gelo, e loro erano lì, davanti a quel male enorme e ingestibile, ma *insieme*.

Lacrime. Aveva sentito il sapore salato delle lacrime scenderle sul viso e la paura si era trasformata in terrore perché non sapeva più nemmeno da quanto non piangeva; si stava rompendo, andava in pezzi, non poteva farlo, "Alma, ti prego, rimani in piedi, rimani salda". Eppure continuava a piangere in silenzio, tremando di freddo, di tutto il freddo preso nella sua vita e accumulato nei polmoni a gelarle il respiro: in un mondo bollente e assetato – sarebbe ridicolo, se non fosse folle – lei non riusciva a smettere di tremare. Così l'Ammiraglio le aveva preso la mano e l'aveva stretta forte, richiamando i suoi occhi, mostrandole un appiglio a cui Alma si era aggrappata con tutta la forza che aveva, mentre lui le diceva senza parole che quella era casa sua e non doveva più temere, non più, mai più.

23

Luna piomba in camera sua nel pieno della notte e Alma rotola fuori dal sonno come cadendo da una rupe.

«Che succede?» sussulta la ragazza accendendo la luce che parte fioca, perché l'impianto solare a quell'ora è in risparmio energetico. Il suo risveglio ha il suono martellante del cuore nel petto.

«Ha svegliato anche me nello stesso modo» biascica Edward, trascinando i piedi oltre la soglia.

«L'ho incontrato! Era lui, era lui!»

Luna è fuori di sé e parla a voce troppo alta.

«Siediti» le dice Alma, ancora impastata dal sonno.

«Non riesco, non mi posso sedere, era lui! Mio padre! Gli ho parlato, so dov'è! Mi ha detto degli Elohi!» grida la bambina, saltellando in giro per la stanza.

«Buongiorno. O forse, essendo le tre, dovrei dire buonanotte. È un orario curioso per cominciare la giornata.» L'Ammiraglio entra nella stanza indossando un pigiama di seta nera e una vestaglia da camera. Nonostante l'età è di gran lunga il più sveglio dei presenti, se si esclude Luna.

«Ammiraglio, ho visto mio padre, è arrivato nelle connessioni!»

«Che lieta notizia. Questa notte, dunque?»

«Proprio adesso, poco fa, insomma. Scusami se ho fatto rumore, è che sono… sono *felice*.»

«Essere felice è un ottimo motivo per svegliare qualcuno» dice l'uomo, accomodandosi su un piccolo divano verde e bianco, di fianco alla porta, e fa segno alla bambina di sedersi accanto a lui.

«Racconta bene, dall'inizio» le chiede Edward, in piedi vicino al letto di Alma.

«È uguale a come me lo ricordavo» inizia Luna. «Io ero con Rubedo, l'uomo vestito di rosso, e mi sono sentita toccare la spalla. Mi sono girata e c'era lui che mi ha abbracciato, mi ha stretto… mi ha stretto forte.»

A Luna si sta spezzando la voce. L'Ammiraglio le accarezza i capelli, le chiede: «Come si chiama tuo padre?».

«Corban» risponde. Poi aggiunge: «Se n'è andato dallo Sram tanto tempo fa».

«Non posso certo biasimarlo» risponde l'uomo.

«Ma mi ha lasciata da sola» ribatte lei con le lacrime che spingono per uscire.

«Di questo, invece, lo biasimo. Ma vedi, sapeva che te la saresti cavata e mi sembra che tu l'abbia fatto alla grande.»

Luna si accuccia al fianco dell'Ammiraglio e ne assorbe l'odore di notte e disinfettante, sentendo il suo braccio caldo sulle spalle. Mentre Edward li osserva, suo nonno gli torna d'improvviso davanti agli occhi e lui avverte la corrente continua che passa tra un corpo vecchio e uno bambino, il passaggio del testimone. Esposto, nel centro della notte, sente salire una nostalgia conosciuta.

La bambina si calma e riprende il racconto. «Mi ha parlato degli Elohi. C'è una persona che può aiutarci a trovarli, anche se non è proprio una persona...»

«Non proprio?»

«Sì, non proprio.»

«E questa non-proprio-persona dov'è?» chiede Alma, che sul letto ha incrociato le gambe per trovare una posizione comoda.

«Nella rete.»

«La rete funziona a singhiozzo» dice Edward. «Non credo ci sia qualcuno che riesca a starci per molto tempo, ormai.»

Luna si guarda le mani. «Non so, lui ha detto che il corpo fisico della non-proprio-persona è nella rete, in fondo al mare. E anche il suo, quello di mio padre, ma questa parte mi ha fatto un po' paura.»

«La Server Farm del Nord» interviene l'Ammiraglio.

«La *che*?» chiede Luna.

«Server Farm. È costruita sotto il mare, per il raffreddamento. Credo che funzioni ancora.»

«Una fattoria con gli animali, come allo Sram?»

«Non esattamente. O meglio, sì, se per animali intendi creature fatte da terabyte di dati rinchiuse in server giganteschi che hanno tenuto sulle spalle il mondo per decenni, come Atlante.»

«Forse ho capito...» dice Edward. «Ma non credevo che ce ne fossero ancora in funzione.»

«Ormai sono posti in rovina occupati da hacker, naviganti e catalogatori. Gente strana. Intendo ben più strana di me.»

«Chi sono i catalogatori?» gli chiede Alma.

«A occhio voi siete nati tra la metà e la fine degli anni Trenta e questa principessa addirittura dopo» considera l'Ammiraglio. «Quindi eravate troppo piccoli e non ve li potete ricordare, ma credetemi, già intorno agli anni Venti tutti filmavano la propria vita per mostrarla agli altri. Così, quando sono arrivati i primi visori integrati nelle lenti, la gente ha iniziato a tenerli accesi sempre.»

«Per registrare?»

«Sì, tutto il tempo. Era qualcosa di isterico, non lo so. A me non è mai interessato, ma io sono nato nel vecchio secolo e non faccio testo.»

«Poi archiviavano tutto? A che gli serviva?» chiede Edward, ora perfettamente sveglio.

«Ecco, qui viene il punto interessante. Alcuni volevano semplicemente tenersi in cantina i ricordi che non avrebbero mai avuto il tempo di rivedere, ma altri desideravano una cosa diversa, una selezione degli avvenimenti più importanti del mese, o dell'anno, magari montati con la musica e un minimo di senso, così da illudersi di possedere una vita degna di essere vissuta.»

«Vediamo se ho capito bene» dice Alma. «Qualcuno sceglieva per loro queste parti della loro vita registrata e poi le montava?»

«Esatto. I catalogatori. Molti hanno iniziato a fare questo mestiere negli anni Trenta, erano soldi facili.»

«Ma se non trovavano momenti davvero interessanti? Se c'erano solo ore e ore di noia?» chiede Edward.

«Sai, ragazzo, se sei capace di raccontare non importa da cosa parti. Guarda me: ho sempre amato cucinare e quando ero giovane potevo permettermi di comprare la carne migliore, i filetti di pesce, frutta e verdura freschissime. Ora è difficile procurarmi del cibo diverso dai polimeri commestibili, eppure qualcosa di decente lo tiro fuori lo stesso.»

Luna scende dal divano, si sdraia stirandosi su un vecchio tappeto.

«Vero.»

L'Ammiraglio le sorride. «Domattina – o stamattina, non so come dire – ti faccio le frittelle.»

Alma tiene stretto il filo delle sue parole, non vuole perdere tempo.

«Sapresti indicarci dov'è questo posto sotto il mare? Dove stanno i catalogatori e possiamo trovare la non-proprio-persona?» chiede Alma.

«... e mio padre?» aggiunge Luna.

L'Ammiraglio guarda quei tre che sono entrati nella

sua vita portando energia nuova. Vorrebbe proteggerli, ma allo stesso modo sa bene che la loro strada è tracciata. Anche lui è stato connesso, tanto tempo fa, e quei momenti sono incisi nella sua mente; non frenerà la loro corsa, anche se è pericolosa.

«Vi darò la mia automobile, programmando la rotta. È più grande della vostra e potrete caricare scorte di acqua e cibo. Purtroppo non è la mia missione, è la vostra. Ma...»

Alma si alza, come richiamata da un istinto antico. Va incontro a quell'uomo buono, si ferma a un passo, lo guarda dritto in faccia.

«... ma qui sapete di avere sempre un posto a cui tornare.»

Quando lei lo abbraccia, nella sua stretta sente l'odore di casa.

24

Ora avete dei nomi da seguire, come sassi lasciati sul sentiero. Forse pensate che questo chiarisca il percorso, eppure fate attenzione, perché nel momento in cui nominate le cose, iniziano a esistere.

Osservate le parole-cose, le parole-immagini, le parole-gesti e non fatevi ingannare: ognuna di loro può illuminare un pezzo della scala che si inerpica attraverso i cento cieli. Abbiate antenne luminose protese verso le stelle, rami nel respiro della natura, radici nel nucleo metallico della terra.

Seguite il corpo, perché conosce la strada.

Fidatevi. Di voi, dell'altro da voi, ma non siate ingenui. Ci sono uomini che hanno già avvertito questa mia voce, frequenza che chi ha strumenti può catturare. Alcuni sanno della vostra partenza, in qualche modo vi stanno aspettando. A loro ricordate che l'acqua non scorre in uno stagno: perché prenda velocità deve avere zampillo e foce, deve farsi movimento, dono per tutti e non segreto di alcuni.

Siete un gomitolo di energia, rete che si espande e si ritrae, come il respiro.

In un'altra epoca ognuno di voi si è inginocchiato davanti a un re straniero, chinando il capo sotto il tocco della sua spada, ma tutti e tre vi siete levati da terra sentendo che quel sovrano non era degno del vostro giuramento. Ora la corona è nelle vostre mani, ne sentite il peso e il suo brillare vi acceca, rendendovi fieri e spaventati. Ma non abbiate paura della luce che emanate, non ridimensionate il vostro potere per rendervi innocui agli occhi del mondo: non lo siete. Perché il destino si compia deve essere animato dal fuoco che entusiasma e che accende, lasciatelo prendere terreno, senza temere che vi distrugga, perché niente può attaccare ciò che è saldo.

Siete il laboratorio della vostra anima, siete i vasi e la materia che viene distillata per salire in altra forma. Avete nelle mani il potere di far rinascere ciò che sta morendo, usatelo per servire la luce e non l'oscurità. Io seguo i vostri passi, sotto la superficie del mare.

Buon viaggio, Arcadiani.

Rubedo

FARM

25

La macchina è una intelligenza artificiale in grado di sfruttare il debole segnale di rete ancora presente e di proiettare di fronte a loro la mappa del territorio in tre dimensioni, per disegnare una strada dove ormai non c'è più. Prima di partire hanno montato le ruote da sterrato: per raggiungere il mare bisogna attraversare interamente il deserto del Nord, un luogo desolato che si stende immobile per tremila chilometri, dove la temperatura raggiunge i cinquanta gradi e l'asfalto è stato mangiato dalla polvere. L'Ammiraglio si è raccomandato di non uscire per nessun motivo dall'auto fino a che non giungeranno a destinazione: hanno scorte di cibo e acqua, la possibilità di dormire e «di espletare i bisogni fisiologici», ha aggiunto arricciando il naso. Devono solo sperare che la macchina regga quel sole a picco per giorni senza surriscaldarsi e li porti in autonomia dove sa di dover andare.

«Ha un ottimo sistema di raffreddamento» ha assicurato.

Edward è cresciuto nel garage del nonno tra macchine del vecchio secolo e sa che quell'affare tecnologico al quale stanno affidando la loro vita è mille volte più intelligente di un trabiccolo con il motore a scoppio, ma mille volte più delicato. La complessità garantisce sensibilità ai fattori esterni, reattività e adattabilità, eppure il rischio di lesioni è alto; l'alternativa è scegliersi una qualche armatura che limiti i danni e anche i movimenti. Per gli esseri umani è lo stesso: Edward da bambino sfiorava i calli che il nonno aveva sui palmi delle mani, alla radice delle dita. «Mi senti?» chiedeva, mentre passava su quei punti gommosi e ruvidi i piccoli polpastrelli. «No, Ed» rispondeva il nonno. «È lì che sfregano gli strumenti, quello è il modo che ha il corpo per non farsi troppo male.»

Anche con il cuore funziona così. Ci sono parti dure, che non sentono più.

«Ho caldissimo» dice Luna.

È la sera del terzo giorno e la temperatura nell'abitacolo continua ad aumentare, inversamente proporzionale all'energia del gruppo, che è ai minimi. Fuori da quel blocco di metallo claustrofobico scorre un mondo sempre uguale, color cenere.

«Tra poco il sole tramonta» le dice Alma. «Andrà un po' meglio senza quel maledetto fuoco addosso.»

«Possiamo fermarci?» chiede la bambina. «Solo un attimo, per respirare. Di notte non può essere così caldo fuori.»

«Non è tanto il fatto di fermarci, quanto quello di ripartire» risponde Edward. «Questo affare è come un mulo che va con i paraocchi fino a destinazione e non vorrei intralciarlo in nessun modo.» Dà un buffetto alla portiera pressurizzata. «Senza offesa, eh, Tabita.»

«Le hai dato un nome?» gli chiede Alma, con un mezzo sorriso fiaccato dall'aria bollente che il sistema di ricircolo non riesce più a raffreddare.

«Certo. Dare un nome alle cose è importante» dice serio Edward. «E comunicare con loro lo è altrettanto.» "Soprattutto quando non ti fidi" vorrebbe aggiungere, ma non lo fa.

«Quindi non ci fermiamo proprio?»

Alma prende una bottiglia d'acqua e la passa a Luna. «Tieni, bevi un po'. Ti ricordi cosa ha detto l'Ammiraglio? Nel deserto, di giorno arrostisci e la notte puoi fare strani incontri.»

«Ma io non ho visto nessuno lì fuori.»

«Fidati. Scorpioni e serpenti escono dalla terra quando il caldo si allenta. E poi colonie di insetti enormi con l'esoscheletro, grandi quanto un topo o forse di più.»

«L'eso... *che*? Va be', qui è tutto velenoso» sussurra Luna, sconfortata.

Lo vedono apparire la mattina dopo, quando il sole sorge di nuovo sul deserto e tutti e tre sono ormai allo stremo delle forze. All'inizio sembra un miraggio, un riflesso, poi diventa presenza e ricordo, un tempo sconosciuto depositato nella memoria del mondo e in qualche piega della loro prima infanzia. Il mare. Sono passati molti anni da quando le coste erano un luogo nel quale dimenticare la propria vita per qualche giorno, con il vento fresco della sera che chiedeva di appoggiare un golfino sulle spalle. Era prima che il mare fosse invaso da alghe tossiche, alimentate dai liquami di scarico; alghe che raddoppiano il loro volume in ventiquattro ore, rubano l'ossigeno ai pesci e creano ustioni sulla pelle. Si sono giocati anche quella carta, gli esseri umani. L'acqua che manca, che tutti desiderano, è lì davanti a loro, a bagnare la sabbia, ma è un invito che non può essere colto, mela avvelenata di Biancaneve.

Tabita si ferma a un centinaio di metri dalla riva.

«Grazie di averci portati qui» dice Edward.

«Era il mio dovere» risponde la macchina. «E sono contenta di non averti deluso.»

Tutti e tre guardano il quadro dei comandi, perché non aveva mai parlato fino a quel momento.

«Credevamo fossi muta» le dice Luna. «Sai, non ci sarebbe stato nulla di male. Io sono cieca, per esempio.»

«Grazie, Luna, è gentile da parte tua. So dei tuoi visori. Conosco molte cose di voi, ho ascoltato i vostri discorsi, me ne scuserete» dice la voce che assomiglia a quella di una giovane donna, essendosi adattata al nome dato da Edward. «Non parlavo perché ero molto occupata a farvi sopravvivere e a sopravvivere io stessa.»

«Sei una brava automobile» le dice la bambina.

«Grazie, vecchia mia. Posso chiamarti "vecchia mia"? Me lo dice l'Ammiraglio ed è un'espressione che ho sempre desiderato usare.»

«Certo!» ride Luna. «Non mi ha mai chiamato nessuno così.»

«Sono onorata di essere la prima. Ora però è meglio che vi prepariate all'atmosfera esterna che conta quarantadue gradi centigradi» annuncia Tabita sbloccando gli sportelli.

Lentamente, l'aria esterna filtra nell'abitacolo. Il mare, se pur velenoso, riesce comunque ad abbassare la temperatura del deserto in modo da renderla sopportabile per gli umani, anche se non lo meriterebbero.

La prima a uscire è Alma: fa qualche passo incerto sulla sabbia e tende la mano a Luna, che rimane a bocca aperta davanti a quello spettacolo immenso: non aveva mai visto tanta acqua tutta insieme, e per di più acqua che si muove avanti e indietro, senza fermarsi mai.

«Mi hai letto nel pensiero quando hai detto che eri contenta di non avermi deluso?» chiede Edward a Tabita, prima di seguire le altre due. Sa che molte intelligenze artificiali riescono a intercettare le frequenze mentali, ma non ne ha mai posseduta una di quella generazione e non sa bene come comportarsi.

«Ti disturba? Posso escludere questa funzione. È che nel tuo cervello mi trovo proprio bene, ci sono un sacco di numeri.»

«Già. Però magari conosciamoci un po' di più, prima, eh?»

«Come desideri. Il mulo che vi ha portato qui ha disattivato la lettura nel pensiero.»

"Permalosa" pensa Edward ridacchiando. Si sporge, mette un piede fuori. Certo, il caldo è soffocante, ma dopo tutte quelle ore seduto ha bisogno di camminare. Allunga una gamba per sgranchirla, guardando Luna e Alma davanti a sé, ma appena si alza in piedi qualcosa lo colpisce forte alla testa e vede nero, tutto nero, mentre crolla a terra.

26

Dopo averli scaricati dalla bolla d'immersione li hanno separati e poi chiusi in stanze spoglie, con l'unica compagnia di un materasso gettato a terra e un oblò scuro. La piattaforma è ancorata al fondale tramite cavi d'acciaio a una cinquantina di metri di profondità, dove la luce del sole perde gran parte del suo spettro, così l'ambiente viene illuminato da luci al neon che fanno lacrimare gli occhi. I loro, però, sono chiusi e non possono ancora vedere il labirinto infinito che si srotola laggiù, composto da migliaia di macchine, nodi centrali della rete, cellule di un corpo che si sta sgretolando.

I server sono stati sovrani del traffico bulimico di informazioni che ha nutrito il mondo per decenni, quando la sbornia dell'onnipotenza consisteva nel raddoppiare la potenza degli elaboratori prima ogni anno, poi ogni sei mesi, pensando di poterlo fare all'infinito, cavalcando una crescita esponenziale pari solo a quella dei virus. Ma niente – davvero niente – prospera per sempre.

Li stanno controllando. Non si fidano di loro. Accedono ai loro circuiti neuronali con facilità, trovando le difese abbassate nell'incoscienza. Eppure Alma è in un posto lontano da lì, la sua presenza è nascosta nell'immagine che le fa da scudo, il nascondiglio dentro il quale lo scanner di chi la sta controllando non riesce ad arrivare: la mendicante è il suo rifugio e tiene in tasca la corona perché non brilli nel buio e non la tradisca. Alma vaga a piedi nudi nei ricordi e sono spilli quelli che le pungono le dita.

Byzan era pericolosa, soprattutto al tramonto: la morte non era una possibilità remota e la vita non un valore assoluto. Da quando era finita in strada, Alma aveva imparato a rubare. Alcune volte era stato facile – erano molti i luoghi senza più un padrone – mentre in altri casi aveva dovuto scappare veloce per non essere presa.

È così che si era fatta male alla caviglia, il primo inverno. Se l'era già storta da ragazzina, la stessa, la sinistra. La prima volta i suoi genitori avevano pensato a tutto, era venuto il medico a casa e gli esami su nervi, muscoli e legamenti li avevano fatti con la sonda, in un attimo: prima del problema c'era già la soluzione. Mentre quella sera in strada, scappando da un tizio enorme ma fortunatamente più lento di lei, la caviglia si era piegata di nuovo all'esterno e Alma aveva risentito il rumore della prima volta, il *crac* amplificato dalle cavità del suo corpo, il rumore delle macchine che si rompono, quello che separa il prima dal dopo e la funzionalità dal guasto. Per un attimo si era chiesta se altri potessero udirlo o fosse solo nella sua mente.

Arrancando, si era nascosta in un vicolo, buio in quella notte senza luna, e si era seduta per terra a riprendere fiato. Aveva posato lo zaino con la roba che portava sempre con sé: un cambio di vestiti ormai lisi, i visori per la rete, la poca acqua che le restava e le due confezioni di fibre proteiche che aveva rubato al negozio. Li aveva appoggiati con cura, naufraga attaccata a un cumulo di stracci che la teneva a galla.

Alla prima storta aveva pianto, non per il dolore ma per il panico. Tutti i suoi programmi erano saltati, la festa a scuola e anche l'uscita con quel ragazzo che per una decina di settimane era stato il cardine della sua esistenza. «Non cammino bene» aveva piagnucolato, mentre sua madre si attivava per capire cosa fare. Le era sembrato tutto finito, da un giorno all'altro, tutto ingestibile. Mentre nel vicolo, dopo aver appoggiato a terra il suo mucchio di cose, non aveva versato una lacrima e si era tolta la scarpa senza un fiato.

La caviglia era enorme, tale e quale alla prima volta, e quella visione, più che uno spavento, le aveva provocato una fitta ghiacciata di nostalgia: la sua camera, i cuscini a tenere alto il piede; nel passato tutto aveva un posto e uno scopo, anche lei. A un certo punto si era impedita di seguire il filo di quei pensieri e aveva guardato la caviglia come si guarda un vecchio amico che cade nello stesso sbaglio; poi l'aveva liberata dalla calza sintetica, godendosi l'aria sulla pelle nuda.

Era l'inizio dell'inverno e l'aria bollente cominciava a rinfrescare. Se chiudeva gli occhi poteva convincersi di avere il piede immerso nella sabbia, che prometteva un tempo leggero con la sua compattezza cedevole. Solo un attimo. Poi si era alzata, provando ad appoggiarlo sull'asfalto, ma le fitte erano risalite lungo la gamba. Forse non doveva camminare. Ma avrebbe camminato lo stesso.

La caviglia ci aveva messo molto di più a guarire, rispetto alla prima volta. Settimane, mesi. Le faceva male quasi sempre e le cedeva mentre camminava, quando il pezzo guasto inceppava il meccanismo. Certo, non l'aveva curata come si deve. In mancanza dei refrigeratori che sua madre si era procurata, aveva chiesto del ghiaccio all'indiano della rosticceria che le dava qualche avanzo in chiusura. Lui, impietosito dall'evidente zoppicare di Alma, era andato nel magazzino a prendere delle buste scadute da almeno dieci anni. Dopo averle colpite con un pugno erano diventate timidamente fresche e lei se le era legate intorno alla caviglia, allontanandosi lenta.

27

Nella sua testa è tornato Pi.

Edward gli chiede cosa fare, da che parte muoversi, come quando era bambino e chiudeva gli occhi spostando il campo visivo all'interno, per orientarsi nel tatuaggio mentale ereditato dal nonno.

Quando Pi parlava, gli altri vedevano un ragazzino dalla pelle scura e gli occhi verdi fermarsi a metà di un passo, osservando qualcosa che a loro era precluso. Pensavano guardasse gli schermi nel fondo oculare, anche se era vietato tenerli accesi mentre si camminava per strada. Ma Edward non usava gli schermi, a lui bastava Pi.

Il nonno gli aveva insegnato a usare le incognite, così a dieci anni scriveva equazioni per gestire ogni cosa del mondo e immaginare la probabilità delle reazioni che non ricadevano sotto il suo controllo. «I numeri sono miei amici» ripeteva a Pi, creature decimali che lo aiutavano a spiegare ogni singolo passaggio di quella rete immensa che è il mondo, saltando da un nodo all'altro come un insetto dalle ali veloci.

Edward è immobile in una stanza sotto il mare, mentre onde di verifica mandate dai suoi carcerieri gli scavano dentro la mente. Sentinelle di fotoni che servono a scoprire se fidarsi di lui e degli altri stranieri, ma rimbalzando tra i suoi neuroni agitano le sabbie mobili dei ricordi. È per questo che torna Pi, insieme al volto immobile del nonno la mattina in cui non si è più svegliato. Qualche settimana prima di morire era caduto, Edward era lì vicino e non l'aveva aiutato a tirarsi su. "Come ho potuto." Ma aveva quindici anni e non sopportava l'idea che presto il nonno non ci sarebbe stato più: tendere una mano avrebbe significato accettare il decadimento e la morte che in quella caduta metteva radici.

Il corpo rimane preda, mentre la mente gioca a rimpiattino con le onde che lo scannerizzano, trova percorsi alternativi, le cavalca come decenni prima facevano i surfisti. Non accetta di farsi spogliare del suo passato. Si aggrappa ai segni, ai nomi e li ricalca nella mente: quando da bambino scriveva di fretta e una parola veniva male, lui la ripassava fino a far sembrare il segno sbagliato come una scelta. Non che fosse difficile cancellare, tutt'altro, gli schermi erano perfetti per questo, meno lo era il foglio che ancora si intestardiva a usare suo nonno. Aveva un armadio con tanta carta ingiallita e vecchie matite a cui faceva la punta, grattandole su una superficie ruvida che chiamava carta vetro, un nome che a Edward piaceva. Gli piaceva anche la consistenza di quel materiale, ma se ci strofinava sopra il dito con troppa forza poi sanguinava. Sul foglio, anche cancellando – le gomme del nonno erano la cosa più preziosa – rimaneva l'ombra, il ricordo di quel segno che era passato, un'imperfezione fissata per sempre.

Sullo schermo cancellare voleva invece dire ritornare al prima, come se niente fosse successo, e questo a Edward non piaceva. Il bianco tornato bianco non è mai come il bianco originario. Il bianco tornato bianco ha in sé tutti i colori che gli sono passati attraverso, è il colore della fine come dell'inizio: il nonno gli aveva raccontato che i campioni di arti marziali – quando ancora non erano permessi gli arti bionici – ritornavano da vecchi alla cintura bianca, come quella da cui erano partiti, ma dentro quel bianco c'erano tutte le mosse fatte e quelle subite, i combattimenti e le volte che era sembrato impossibile vincere. Sembrava lo stesso colore di quello che portava alla vita un bambino di sei anni al suo primo combattimento, eppure era molto diverso. «Serve a ricordarti che più diventi bravo in qualcosa, più capisci che sei ancora all'inizio» aveva detto il nonno, e Edward lo ascoltava a bocca aperta, mentre mangiava cioccolato appollaiato su uno sgabello alto nel soggiorno. Quell'uomo anziano sapeva tutto, come Pi, e quel tutto era ciò che gli serviva. L'ombra del nonno era rimasta sul foglio, quando era morto, e Edward sapeva che non l'avrebbe mai cancellata.

Prendi la tavola, buttati nel mare limpido di mille anni fa e nuota con le braccia, poi girati verso riva e aspetta l'onda. Quando la senti montare, mentre ti solleva, alzati in piedi e scivola sulla sua cresta, lungo il corpo liquido, facendoti portare dall'energia che spinge.

"Volete i miei segreti? Venite a prenderli."

28

Non sono riusciti a esplorare ogni anfratto, ma dopo due giorni rinunciano a vagare nei loro cervelli. Aspettano che il siero perda ogni effetto e che i due ragazzi si sveglino. Quando pensano che siano in grado di camminare, li fanno uscire dalle loro stanze.

Edward vede Alma ancora incerta sulle gambe e le va incontro il più veloce possibile, appoggiandosi alla parete. Non riesce a tenere gli occhi bene aperti, quella luce bianca si riflette ovunque sul metallo e crea bagliori che lo confondono. Quando arriva ad abbracciarla, lei si abbandona per un attimo contro di lui, morbida come non è mai stata.

«Ci hanno drogati» gli sussurra all'orecchio e lui capisce le parole ma non il senso, fatica a collegare un'immagine a ciò che sente; le mani che avverte attaccate ai suoi polsi sono più grandi del solito e le usa per tenere stretta quella ragazza che in questo momento è l'unica cosa che conta. Poi, dalla nebbia del ricordo, emerge una presenza. No, non è l'unica. "Luna." Dov'è la bambina? "Forse non l'hanno trovata."

«Seguitemi» dice loro una creatura che sembra un uomo, ma ha la testa... Edward lo fissa e cerca una parola per definire il suo volto, una somiglianza. "Un cane." Ecco. Li precede un uomo con la testa da cane, guidandoli attraverso un labirinto di elaboratori che sembra non avere fine: sinistra, destra, sinistra... tra le macchine le luci sono più basse, mentre puntini viola e azzurri emergono luminosi da pareti altissime, palazzi di dati e fibra.

Edward cerca il coltello nelle tasche, ma non ricorda più dove lo teneva. Si passa le mani addosso senza dare troppo nell'occhio.

«Vuoi questo?» gli chiede una voce alle sue spalle, e quando si volta vede che gli ha parlato un uomo con una proboscide e le orecchie enormi. "Elefante." Se lo ricorda dai video di scuola. Accanto a lui, un altro ha un becco da uccello, uno di quelli che ripetono le cose, com'è che si chiamava? La maggior parte di quelle creature, nella realtà, non esiste più. Forse questi sono ibridi nati dalla contaminazione genetica tra razze diverse? Il cervello di Edward è confuso e fatica a riprendere velocità.

«Bel coltello» prosegue l'elefante. «Non fermarti, continua a camminare.»

«È mio» dice Edward tra i denti. È ancora debole di braccia, ma sente che la forza sta tornando, come un fiume che sghiaccia dopo l'inverno. Deve avere ancora un po' di pazienza, poi potrà lottare.

«Te l'ha dato tuo nonno, lo sappiamo» interviene quello con il becco. "Pappagallo", ecco come si chiamava. «L'abbiamo visto nella tua testa. Te lo restituiremo, ma aspettiamo di essere sicuri che non lo userai per farci del male.»

«Voi ci avete fatto del male, perché noi non dovremmo farlo a voi?» La voce di Alma risuona limpida sopra le loro teste. Dal tono sembra aver ripreso il controllo di sé. «Ci avete tramortito, rinchiuso, drogato e avete frugato nel nostro cervello, cercando chissà cosa. Ci state portando non so dove con quelle stupide maschere di animali addosso. Se avessi in mano quel coltello, vi taglierei la gola e voi lo sapete benissimo.»

"Maschere?" Edward inizia a riemergere dalla nebbia. "E ha davvero detto che li ucciderebbe?" È necessario ragionare con Alma sull'opportunità di dire sempre quello che pensa. Edward lo farà più tardi, se saranno ancora vivi. Ma prima deve trovare Luna.

«Che brutto carattere» dice quello con il muso da cane, precedendoli in una grande stanza. Di fronte a loro, uno schermo riempie tutta la parete. L'immagine che vedono è di un uomo seduto su quella che sembra una nuvola, con una bambina accanto. Entrambi hanno la pelle chiarissima e si confondono con il cielo.

«Luna!» grida Alma.

Anche Edward si rende conto che quella bambina

sullo schermo assomiglia a Luna, ma sa anche che non può essere lei, perché ha occhi umani e senza visori, vivi e azzurrissimi. Dice: «Papà, ti presento i miei amici. Sono Edward e Alma».

Corban è un uomo affascinante, per lo meno lo è l'immagine che appare in video e che tiene Luna per mano. «Buongiorno, miei gentili ospiti. Devo scusarmi con voi per il trattamento che si è reso necessario.»

«Lasciala andare!» grida Alma, fuori di sé. «Dove la tieni? Dove siete?»

La bambina parla dolcemente. «No, stai tranquilla, sto bene, davvero! Lui è il mio papà, ve ne ho parlato, vi ricordate?»

«Luna?» chiede Edward, facendo un passo in avanti e rivolgendosi alla figura di cui riconosce la voce ma non lo sguardo. «Sei tu?»

«Certo che sono io» dice la bambina, un po' offesa.

«Hai gli occhi... diversi.»

«Perché me ne sono scelta un paio che funzionano, almeno qui, nella rete. Non ti piacciono?»

Alma e Edward sono in tensione. Dov'è il corpo della bambina? Il suo avatar è lì dentro, la sua coscienza tradotta in milioni di byte, ma il suo corpo fisico, che ne hanno fatto?

«Ascoltatemi» dice Corban, «e capirete.»

29

«Un gruppo è strutturato come un unico organismo e il suo cuore sono le persone che ne incarnano le caratteristiche più radicali e ne mantengono la memoria. Ma, come un vero corpo, ha anche delle mani che si rapportano con l'esterno e scambiano energia con ciò che rimane fuori. La differenza è che il cuore è perfettamente integrato nel gruppo e viene protetto, mentre la mano è un elemento periferico che gli appartiene ma si sporca con il mondo, perché si muove dentro di esso. E a volte, se si contamina troppo, viene amputata.»

«Tu eri la mano, immagino» dice Alma. «E lo Sram ti ha espulso, perché hai messo i visori a Luna.»

«Non è andata esattamente così, ma quello è stato un elemento che loro non sono riusciti ad accettare» continua Corban. «In ogni caso, qui ho trovato una nuova casa, tra questi uomini che erano arti tagliati via da troppi corpi. Gente abituata alla rete, che nella Farm ha scoperto un luogo mutante a sua misura, con tre braccia o quattro gambe, tanti occhi.»

«E maschere di animali.»

«Già. Ognuno indossa quella che gli è più affine, per poi cambiarla o inventarsi qualcos'altro. Lo troviamo divertente. Voi no?»

Edward non riusciva a staccare lo sguardo dallo schermo: non aveva mai visto Luna così felice. La bambina fissava quell'uomo che le stava accanto con un'adorazione quasi imbarazzante. E se non avesse più voluto uscire da lì? Se non avesse più voluto venire via con loro?

«Luna ci ha raccontato di averti incontrato in sogno. E che tu le hai detto di sapere dove erano gli Elohi. Li stiamo cercando» dice Alma con la voce carica di sospetto.

«Sono entrato nel sogno di Luna, è vero. Ho chiesto a Oltre un canale, anche se questo mi ha portato via le ultime energie. Ma dovevo farlo, era l'unico modo per farvi arrivare qui. Non sono io a sapere dove sono gli Elohi, lo sa una creatura che abita stabilmente la rete: è ormai priva di corpo fisico, è puro algoritmo.»

«Come te?» chiede Edward.

«No, io il corpo fisico lo possiedo ancora. È addormentato, come quello di Luna, nella stanza della connessione. Quella che vedrete anche voi, se...»

«Se cosa? Vuoi imprigionare anche noi nella rete?» sbotta Alma.

«Non sono prigioniera» dice la bambina. «Ho chiesto io di venire qui, perché volevo stare con lui. Mi mancava.»

«Che cosa stupida. Non ti lascerà mai andare via!»

«Perché fai così, Alma? Non ti piace il mio papà?»

«Il tuo papà ci ha rinchiusi e poi è entrato nel nostro cervello! È una persona orribile e tu sei in pericolo.»

La tristezza prende il sopravvento sul volto della bambina.

«Non è vero. Non è vero» ripete.

«Mi sono già scusato per questi due giorni. Ma abbiamo dovuto verificare che le vostre menti non fossero cavalli di Troia per virus che possono infettare questo posto» spiega Corban. «Perché se volete trovare gli Elohi, avete un unico modo: venire nella rete a parlare con la persona – o la coscienza che ne rimane – che sa dove sono. In realtà c'è un punto in voi oltre il quale non siamo riusciti ad arrivare, ma forse è giusto così. In ogni caso Rubedo si fida e devo fidarmi anch'io. Rimane da capire se voi riuscirete a fidarvi di me.»

«Penso di no» dice Edward con calma. «Ma non mi sembra che ci siano molte alternative. Quindi spiegaci chi è questa non-proprio-persona che sa dove sono gli Elohi.»

«Si chiama Alice, o meglio questo è il nome che ha scelto quando è entrata nella rete come astrazione. Ha sempre amato *Alice nel paese delle meraviglie* e ha voluto ricrearla qui. La conoscete, la storia?»

«Io sì» risponde Luna, e si stringe a lui. «Nella rete si trova un vecchio cartone animato. E tu mi leggevi il libro, da piccola.»

«Ho imparato da tua madre» dice Corban a voce più bassa.

La bambina lo guarda in silenzio, con gli occhi azzurri che diventano enormi.

«Credevo fosse morta poco dopo la mia nascita» dice con la voce rotta.

«Un po' è vero» le spiega dolcemente lui. «Si è ammalata quando eri molto piccola e il suo corpo ha lasciato rapidamente questa terra. Ma sono riuscito a salvare la sua coscienza come mi aveva chiesto lei, trasformandola in una creatura diversa, fatta di numeri, tantissimi numeri. E quando anche il mio corpo ha dato segni della stessa malattia e sono stato allontanato dallo Sram, ho trovato un posto in cui farla rinascere. Nella rete adesso è libera e vive ancora, vivrà per sempre.»

«Si ricorda di me? La posso incontrare?»

«La vedrai e le chiederai degli Elohi» risponde Corban. «Ma non si ricorda di te. Non ricorda molte cose di quando era umana. È diverso, qui. Senza corpo, perdi anche i riferimenti. Per questo il mio involucro l'ho mantenuto ancora in vita, o meglio l'hanno fatto per me questi uomini: è servito per ancorarmi a terra. Ma il mio tempo sta per scadere e tra poco anch'io sarò puro algoritmo. Ho cercato per anni una soluzione, un modo di guarire e tornare da te, sul piano fisico, ma non c'era. Allora ti ho fatto venire qui.»

«E anche tu non… ti ricorderai di me, dopo?»

«Non lo so, mia piccola Luna. Vorrei tanto dirti di sì. Ma non lo so.»

La bambina adesso piange forte, lui la abbraccia e lascia che si sfoghi contro il suo petto, di nuovo perla nella conchiglia.

30

Alma e Edward siedono insieme agli uomini con la testa di animali in una stanza lunga e stretta, illuminata a giorno da LED che affaticano gli occhi. È ora di cena e hanno molta fame, così quando si ritrovano davanti una fetta di carne sintetica su un letto di alghe, non fanno i difficili.

«Qualcuno di voi è stato un catalogatore?» chiede Alma.

La cosa la incuriosisce. Certo, non si fida ancora, ma mangiare chiacchierando le ricorda l'Ammiraglio e la distrae dal sapore del cibo, che ha l'aria di essere stato dimenticato per mesi in un magazzino prima di comparire sui loro piatti.

«Io» dice l'uomo con la testa di cane.

«E per chi lavoravi?»

«Per un sacco di persone.»

«Riassumevi la loro vita?»

«La selezionavo. La rendevo interessante. Ero molto

bravo, componevo anche le musiche adatte. A volte non sembravano più nemmeno le stesse vite, una volta che le avevo montate a dovere.»

«E come mai sei finito qui?» chiede Edward.

Il cane non risponde.

«È stato beccato a vendersi qualche scena divertente delle vite dei suoi clienti, sai, quelle più da adulti» ride il pappagallo.

«Vendevi porno?» ride Alma, incredula. «E tu invece?» chiede all'altro.

«Vivevo con la sorgente video aperta. Me l'ero fatta impiantare nell'osso frontale. Ci guadagnavo un mucchio di soldi, trasmettevo in diretta la mia vita ventiquattro ore su ventiquattro, senza staccare mai.»

«E ti piaceva?»

«All'inizio sì. Ma poi si è trasformato in qualcosa di diverso.»

«Tipo?»

«Sono diventato un *web slave*.»

«Ho capito cosa intendi» commenta Edward. «Ti facevi dirigere da chi ti guardava?»

«Sì, in tutti i momenti. Chi pagava poco poteva scegliere cosa farmi mangiare a colazione, chi pagava molto poteva chiedermi cose più importanti, tipo spogliarmi in pubblico. Facevo sondaggi in diretta nella community per sapere cosa apprezzasse. Mi adeguavo.»

«Una specie di prostituzione» dice Alma, masticando. «Ma potevano chiederti di fare qualsiasi cosa?»

«Non di farmi del male, di farlo ad altri o di infrangere la legge, in teoria» risponde lui. «Però nel deep web queste limitazioni non sono mai esistite.»

«E tu sei finito a lavorare nel deep web?» chiede Edward.

Il pappagallo abbassa la maschera quanto basta a mostrare le cicatrici sulla fronte. Cala sulla tavola un silenzio profondo, rotto soltanto dal ronzio dell'impianto di ricircolo dell'aria. Lì sotto l'ossigeno lo producono per elettrolisi e tutti, per un attimo, lo respirano a fondo.

«Perché non mi hai portato con te?» chiede Luna.

Quella domanda le è rimasta piantata in gola per tutti quegli anni. Corban è seduto accanto a lei. Nella rete non hanno bisogno di mangiare né di dormire. I corpi che hanno lasciato nella realtà sono nutriti con delle sonde. Il tempo, per loro, non esiste.

«Ero malato, Luna. Lo sono ancora. Non avrei potuto occuparmi di te, eri così piccola. Ho pensato che sarei guarito presto, per tornare a prenderti.»

«Ma qui stai bene, adesso, con me, in questo posto, stai bene.»

«Qui non è la vita, amore mio. Qui è un'altra cosa. Il mio corpo… il mio corpo sta morendo.»

«Mi stai parlando. Sei qui davanti a me. Non stai morendo, sei qui!»

Corban sa che non è facile da capire ed è anche rischioso che una bambina dell'età di Luna passi troppo tempo separata dal piano terreno, perché potrebbe rimanere intrappolata in qualche maglia stretta della rete.

«Non ti ho detto una cosa» prova a distrarla.

«Cosa?»

«Che sono orgoglioso di come hai salvato Ka.»

Luna torna a sorridere. «Lo sapevi? L'hai saputo?»

«Io mi sono connesso con te tutte le volte che potevo» le spiega. «A volte sono rimasto nell'ombra, per non agitarti. Ma ci sono sempre stato, bambina mia. Ci sono sempre stato.»

«Non lo sapevo… se l'avessi saputo…»

Corban la prende sulle ginocchia e la stringe, cullandola come quando era piccola. È un uomo che ha lottato tanto per riavere quello che pensava fosse suo di diritto – la vita, la figlia – ma le cose sono andate diversamente dai suoi piani. Non è stato facile, eppure si è adattato a quella disperazione immobile.

Gli umani si abituano a tutto. Sono macchine a risparmio energetico e cambiare scenario richiede combustibile, così una volta trovato un nuovo assetto ci si accoccolano come un cane intorno alla sua coda. Non è possibile continuare a lottare per sempre, soprattutto quando i limiti sono troppi. Allora è indispensabile chiedere ai muscoli di rilasciare la tensione, respirando per far arrivare l'aria in ogni anfratto.

Così ha fatto: ha trattenuto il fiato fino a che non ha sentito il cuore bussare alla parete del petto e il suo rumore non è diventato l'unico rumore. I suoi occhi rimangono aperti e quelli non li chiuderà mai, dice a sé stesso in un residuo di resistenza, perché anche se questo mondo sta morendo senz'acqua e lui morirà ancora prima – forse già domani – per adesso ha ancora i suoi pensieri, i suoi ricordi. E la sua bambina, finalmente, stretta tra le braccia che non hanno corpo ma che sono ugualmente realtà.

31

«E così domani entreremo nella tana del Coniglio bianco» dice Alma quella sera, sdraiata vicino a Edward nell'oscurità. Per un attimo si erano dimenticati di essere sotto il mare, ma la strana vibrazione che sentono lungo il corpo lo ricorda a entrambi. Sembra che qualcuno spinga da sotto, come un mostro marino che inarchi la schiena.

«Già. Non possiamo lasciare Luna da sola. Potrebbe perdersi, laggiù» risponde lui.

«Secondo me Corban sa benissimo dove sono gli Elohi, figurati se la non-proprio-persona non gliel'ha detto» continua Alma.

«Si chiama Alice. Be', forse sì. Ma magari vuole che Luna incontri sua madre.»

«O magari vuole imprigionare Luna per sempre.»

«Lo pensi davvero?»

Alma rimane un momento in silenzio. Non sa cosa pensa davvero. Non sa più cosa pensare.

«Forse no.»

«Sembra che le voglia bene. Certe cose non si possono fingere» dice Edward. E non sa se sta parlando di Corban o di sé stesso.

«Può darsi.»

Edward fissa il cerchio scuro dell'oblò. Fuori, l'acqua è nera come la notte.

«Ed?»

Solo suo nonno lo chiamava così. Ha un brivido.

«Dimmi.»

«E se non troviamo più la strada per ritornare indietro?»

Lui si volta e gli occhi, abituati all'oscurità, distinguono i contorni del viso di Alma: lo sta fissando e sembra più piccola, stanotte.

«Andrà tutto bene, ne sono sicuro.»

Lo dice sfiorandole una guancia, mentre pare che il cuore voglia saltargli fuori dal petto. Lei si fa accarezzare il viso chiudendo gli occhi, poi prende la mano di lui e la tiene stretta, una corda che la riporta a riva. Dopo qualche minuto, Edward sente Alma scivolare nel sonno. Rimane sveglio a sentirla respirare.

La stanza della connessione è al piano inferiore della Farm, quello più freddo. Quando i due ragazzi vengono accompagnati al suo interno, la mattina dopo, hanno un attimo di esitazione. Di fronte a loro, ovuli trasparenti nei quali sono adagiati dei corpi, almeno una decina. In quello più vicino all'entrata, riconoscono Luna. Sembra dormire: il suo petto d'uccellino si solleva e si abbassa ritmicamente, le palpebre le chiudono lo sguardo, che è rivolto all'interno. Ci sono mondi che ampliano superfici e mondi che si spingono in profondità: Alma e Edward sono sulla soglia di un'immersione e un po' di ansia stringe loro la gola. Devono raggiungerla, e in fretta.

Li accompagnano gli uomini-animali, tenendoli d'occhio. Più avanti, proprio in fondo alla sala, c'è Corban. Se quei due ragazzi venuti da Byzan uccidessero il suo corpo che giace immobile, di lui resterebbe solo la coscienza persa nella rete, un aquilone senza più il filo.

Il distacco arriverà in ogni caso quando il suo respiro si esaurirà, ma la vita ha un suo tempo, la morte anche, e nessuno dei due va forzato. Alma si avvicina e fissa il volto scarno, la pelle violacea sotto gli occhi: è un mucchietto d'ossa, così diverso dalla presenza possente che ieri riempiva lo schermo. È evidente quanto la sua anima si senta oppressa tra le fibre sfilacciate del reale, quanto arranchi tra le cellule esauste di un corpo morente.

«È ora» dice l'uomo cane, indicando loro due ovuli vuoti. «Vi aspettano.»

Edward si avvicina a un guscio trasparente, nel quale è steso un materasso vuoto. «Cosa dobbiamo fare?»

«Solo rilassarvi e scegliere l'aspetto che volete portarvi nella rete» risponde l'uomo pappagallo.

«L'aspetto... in che senso?» chiede Edward.

«Vuoi essere ancora un maschio? Avere questa età? Tenere lo stesso colore di pelle?»

«Ma certo» replica lui. Ha la voce tesa.

«Tranquillo. Non sto dicendo che non vai bene così» dice l'uomo cane.

«Io vorrei qualcosa di diverso» interviene Alma, e tutti si voltano a guardarla.

Edward la fissa con la paura negli occhi. «È rischioso.»

«Ormai siamo qui» osserva lei con il tono più rassicurante che trova. «Non mi fido neanch'io, anzi, *soprattutto* io. Ma se devo giocare, voglio provare a cambiare le regole, almeno stavolta.»

Il ragazzo le si avvicina, parlando piano. «Alma, ascoltami. So come funzionano queste cose. Già sarà doloroso tornare qui, perché nella rete non ci sono limiti, tutto è vasto, possibile e istantaneo. Inserirsi di nuovo nel perimetro corporeo è come tornare in una gabbia, almeno all'inizio. Se decidi di cambiare, sarà ancora più difficile tornare in te, perché ti sentirai diversa.»

«Non avere paura» gli dice lei. «Sono sempre io.»

Edward non ha più parole, vorrebbe solo tenerla stretta per convincersi che tornerà esattamente com'è, ma non lo fa.

«La ragazza ha più fegato di te» ride l'uomo elefante. «E cosa vorresti diventare?» chiede ad Alma.

«Voglio essere più grande. Avere i capelli lunghi raccolti in una treccia arrotolata. Indossare una corona.»

«Agli ordini, regina» risponde l'uomo pappagallo. Sta programmando il loro ingresso, in piedi davanti a uno schermo che risponde ai suoi movimenti oculari. «Ora sdraiati e non pensare più a niente.»

«Io non sono una regina» gli dice Alma, prima di chiudere gli occhi. «Sono un'imperatrice.»

32

Alma precipita come in un sogno, sentendo il terreno sotto i piedi sottrarsi di colpo. Quando la sua corsa rallenta, si trova nella più completa oscurità. Non percependo gli arti, non sa orientarsi nello spazio; intorno a lei avverte un'entità più grande che la circonda, un corpo di cui è diventata organo, anche se non sa esattamente quale. Prova a fare un passo. Il Coniglio bianco appare distante, un puntino luminoso proiettato su uno schermo. Lo vede sparire, così si muove in quella direzione, anche se non riesce ad accelerare abbastanza dentro il buio denso come miele, che le frena la spinta.

«Alma.» La voce di Edward è un'eco nella sua testa. «Dove sei?»

«Non lo so» risponde, e il suono è vicino e insieme lontanissimo.

«Alma, apri gli occhi.»

«Non li sento, gli occhi.»

«Aprili lo stesso.»

Luce. Intorno, terreno e radici. Vicino al suo viso, sguardo verde di foglia senza sete. Sa che è lui, senza che lo sia davvero: è la presenza intensa dei sogni.

«Dobbiamo cercare Luna.»

Alma è in piedi. Guarda in giù e si scopre altissima, intravede un vestito che arriva fino a terra e avverte un peso nel punto in cui dovrebbe avere la testa, ma non trova mani per toccarsi. Forse aveva ragione Edward, ha sbagliato a voler cambiare. Ma ciò che le ha detto quella donna al mercato nero, lo conserva sottopelle. Alma è l'imperatrice, lo è davvero? "Lo vedremo" pensa. Ha seguito l'istinto, accettando il rischio.

«Le ho viste io, in te. Prima di lei. Molto prima» dice la voce di Edward che ora la precede, facendole strada.

«Hai visto cosa?» gli chiede. Ma lui resta in silenzio e Alma lo segue lungo un corridoio infinito, con una serie di lampadari che pendono dal soffitto.

«La luce» dice il ragazzo, «e la corona.» Aggiunge: «Non fidarti di Erin».

Lei non ha pronunciato quel nome ma lui ha capito comunque, perché nella rete i pensieri sono pesci che scivolano fuori dalle maglie, emergendo come vapore dalle bocche chiuse. "Non leggermi dentro" chiede lei. Ha paura di ciò che può uscire senza il suo controllo, così si concentra sui passi e toglie di mezzo tutto il resto.

Di fronte a loro, una piccola porta chiusa a chiave. Al di là, guardando dalla serratura, il giardino della storia si estende come un sogno vivido e fecondo. Seduta nel prato, intravedono Luna con le mani appoggiate al mento; di Corban non c'è traccia.

«Siamo troppo grandi, di qui non passiamo» dice Alma.

«Ho letto il libro di Alice» risponde Edward. «A questo punto dovremmo bere un liquido da una boccetta, qualcosa che ci renda più piccoli, senza dimenticarci la chiave sul tavolo.»

Eppure intorno a loro non ci sono né bottiglie, né chiavi, né tavoli. Forse Alice è già passata di lì e loro sono arrivati troppo tardi, alla fine della festa, quando si accendono le luci e la magia scompare. Si guardano, senza vedersi.

«Cosa facciamo?»

«Non ne ho idea.»

Poi ad Alma torna un ricordo. Un tizio che trascina un carretto di metallo, un trabiccolo rosso con le ruote cigolanti che traina con estrema cura, come se sopra vi fosse un tesoro. Sono zucche. In bilico l'una sull'altra, grosse quanto una testa d'uomo; non lucide come quelle di plastica che le compravano da bambina per Halloween, ma più tristi e reali.

Quell'uomo è passato davanti al garage di Edward la notte in cui lei è tornata a cercarlo, ed entrambi sono rimasti immobili a osservare le zucche germinate da una terra senz'acqua, singolarità di un attimo fuori dal tempo.

Insieme al ricordo torna ad Alma l'emozione di quella

notte e per la prima volta rammenta come ha fatto a ritrovarsi, nel sonno, stesa accanto al ragazzo bellissimo dalla pelle scura. Qualcuno è venuto a prenderla per mano, ha detto di chiamarsi Pi; era una presenza senza corpo come ora sono loro, lei ha creduto fosse un sogno, ma non lo era.

«Chi è Pi?» chiede a Edward, che ha già letto la sua domanda in trasparenza prima che aprisse bocca.

«Non lo so» risponde lui, ma lei sente che è una bugia. Su quelle parole pesa una nuvola nera di pioggia e carica di fulmini.

«Non mi mentire» dice Alma, e pensieri pesanti affiorano dalla nube per poi prendere il volo; roteano intorno a Edward come saette, ma lui li addomestica tra le dita.

«Te lo spiegherò, ma non ora.»

Piccole zucche ora piovono su di loro, bolle arancioni che scoppiano a contatto con il terreno, cigolando come le ruote del carretto di metallo, e nessuno dei due sa se quello è un vero ricordo o qualcosa di diverso. I pensieri che Edward ha trattenuto tra le dita si sciolgono in linee fluide che prendono forma di numeri.

L'*otto* che è movimento eterno senza stacchi.

Il *due* dell'alternanza che tiene in piedi il mondo.

L'*undici*, lo scrigno di ciò che non è divisibile.

Ora le zucche piovute dal cielo sono un mare arancione che allaga la sala e li prende con sé, facendoli scivolare oltre la serratura della porta, marinai senza barca nell'oceano in tempesta.

Si lasciano andare, arresi, finché non sentono la mano di Luna stringere la loro, per rimetterli al mondo e riportarli al respiro, appiglio per entità che faticano a trovare una forma. Si avvicinano in un abbraccio privo di carne, vibrazione comune e prossimità d'anime che si riconoscono; quando abitavano i corpi era tutto più mediato e distante.

«Siete venuti a cercarmi, ed è la seconda volta» dice grata la bambina. Ha occhi brillanti: chissà se sarà in grado di rinunciarci, tornando indietro. «Sei bellissima, Alma» dice poi. «La tua corona ha la luce delle stelle.»

33

Luna guarda le sagome scure per terra e loro guardano lei, unica guida per quel mondo che sembra abitare con naturalezza. «Sono orme» spiega, poi abbassa la voce e anche il suo tono si fa più grave: «È Alice, mia madre».

Edward cerca di orientarsi nello spazio circostante e Alma gli si affianca. Si incamminano tutti e tre prendendo il passo della più piccola, che scruta il terreno cercando l'impronta successiva come una rabdomante.

«Eccola» dice. «Eccone un'altra.»

Il ragazzo prende la mano della bambina, fatta di fotoni che viaggiano veloci sulle fibre della rete, ma la trova ugualmente morbida e calda.

«Ti ricordi di lei?» le chiede.

Luna scuote la testa. «Poco. Qualche ombra» spiega, mentre intorno a loro scorrono gli alberi di quello che sembrerebbe un bosco, se i boschi esistessero ancora. In lontananza, si sente qualcosa.

«Sst, ascoltate» dice Alma.

I tre si fermano nel mezzo del sentiero. È un canto. Affrettano il passo, camminando tra il verde che si fa più fitto. Nessuno di loro ha mai visto, nella realtà, piante così rigogliose, eppure non se ne sorprendono, come se quell'immagine fosse registrata in qualche ricordo ancestrale che si portano dietro senza saperlo.

Poi la vedono. Non è una donna, ma una bambina che trotterella qualche decina di metri avanti a loro, e la sua voce sottile arriva attutita dai rami stretti gli uni agli altri, a creare un intreccio che copre il cielo. Quando la raggiungono e la piccola si volta, si rendono conto che deve avere sei o sette anni. Non pare sorpresa di vederli, né spaventata. Piuttosto è Luna che sembra aver visto un fantasma: sul suo volto si dipinge un'espressione indecifrabile.

Alma si china a guardare negli occhi la bambina. «Ciao» le dice. «Io mi chiamo Alma. Loro sono Edward e Luna. Qual è il tuo nome?»

«Buongiorno, imperatrice, e benvenuta nel mio mondo. Hai una bella corona» risponde lei, sollevando gli angoli del vestito e chinando appena la testa. «Il mio nome è Alice.»

«Piacere di conoscerti, Alice. Siamo venuti per te, lo sai? Abbiamo una cosa da chiederti.»

Ma la bambina non è interessata a proseguire la conversazione. Fa un sorriso e riprende a saltellare lungo il sentiero; così gli altri non possono fare altro che seguirla fino a un enorme fungo su cui è seduto una sorta di bruco blu alto un palmo. Nel primo paio di piccole mani, regge un tubo dal quale escono rivoletti di fumo.

«Ciao, Bruco» dice Alice, arrampicandosi. «Ti presento l'imperatrice e i suoi amici.»

«Questo regno ha già una regina. Prevedo caos» commenta lo strano essere mentre sbuffa piccoli cerchi bianchi concentrici che si diffondono nell'aria.

«Io non sono qui per regnare» lo rassicura Alma, mentre cerca di salire sul fungo con l'aiuto di Edward, dato che il vestito la impaccia.

«Interessante. Perché indossare i panni dell'imperatrice, se non si ha intenzione di imperare?»

Alma non sa cosa rispondere. Anche Luna ha perso la voce e se ne sta in disparte, osservando l'altra bambina con i suoi grandi e nuovi occhi umani. Così interviene Edward.

«Siamo qui per una questione importante.» Guarda Alice. «Abbiamo fatto un lungo viaggio per trovarti. Tu sai dove sono le persone che vogliamo incontrare. Si chiamano Elohi.»

«Elohi?» ripete ad alta voce il Bruco, ma Edward lo ignora.

«Un popolo in grado di trovare nuove sorgenti.»

«Popolo?... Sorgenti?...»

Il Bruco prende grandi boccate creando nell'aria punti interrogativi che finiscono addosso a Luna. La bambina inizia a tossire, così Alice le si avvicina e le batte con le piccole mani sulla schiena.

«Tutto a posto?» le chiede.

Luna annuisce piano.

«Ti va di giocare?» continua Alice.

Luna scuote la testa.

«Peccato. Non ci sono altri bambini, qui. E voi, invece, volete giocare con me?» chiede, rivolta agli altri due.

Edward non può lasciarla andare: quella creatura che si fa chiamare come la protagonista di una storia è l'unica loro speranza, se vogliono proseguire il viaggio. Sono partiti senza aver chiara la strada, Oltre li ha guidati verso l'idea di un popolo che devono raggiungere. Forse così riusciranno a fare qualcosa di buono, forse tutto quello che hanno vissuto insieme troverà un senso.

«Gioco io con te» dice.

«Il ragazzo ha vari interessi in questo gioco» commenta il Bruco, mentre Edward medita di strozzarlo con il tubo del narghilè.

«Prendi un lato di questo fungo» dice Alice al ragazzo.

Ma Edward, che ha letto la storia e se la ricorda bene, si lascia scappare: «Un lato ti fa crescere e uno rimpicciolire, vero?».

Alice lo guarda delusa. «Avevi detto che volevi giocare. Adesso la sorpresa è rovinata.»

Così dicendo balza giù dal fungo e scompare alla vista del ragazzo.

«No, aspetta!» le grida lui, scendendo in fretta per seguirla.

«Troppa memoria causa problemi» sentenzia il Bruco. «Come troppo desiderio.»

Guarda Luna che ora piange, con il viso tra le mani. Alma le si siede accanto, senza sapere come maneggiare quel dolore.

«Che succede?»

La bambina singhiozza forte e Alma la prende in braccio, stringendola al petto. Le maniche a sbuffo del vestito sono una nuvola morbida che la circondano.

«Alice non è… non è…» balbetta Luna.

«Ciò che è, è» taglia corto il Bruco.

Alma guarda quell'esserino blu con severità. «L'imperatrice ti chiede di tacere, perché così non stai migliorando la situazione.»

«Come desidera, maestà» risponde lui, e fuma in silenzio.

«Alla fine ho messo una corona solo per zittire un bruco, mi sa» dice Alma.

Luna continua a piangere, ma le scappa un sorriso in mezzo ai singhiozzi. Piano piano, in braccio a lei, si calma.

«È più piccola di me» dice infine.

«Mi dispiace che non sia come avresti voluto» le dice, accarezzandole i capelli.

«E la tua mamma, com'era?» le chiede Luna dopo un po'.

«Ha deciso di andarsene, lasciandomi sola» risponde Alma. «Alla fine, era una bambina anche lei.»

34

Edward è sulle tracce di Alice, che corre più veloce del maledetto Coniglio bianco. Come è possibile che l'abbia già persa di vista? Poi si ricorda che il mondo l'ha costruito lei a sua immagine e somiglianza, mescolando il libro e il cartone, le immagini e le parole, e come tutti gli universi favorisce il suo creatore. In ogni caso, il ragazzo sa dove andare: segue la canzone che occupa un posto radicato nella sua mente da quando l'ha ascoltata prima di entrare nella rete, giro armonico ossessivo che si è accoccolato in un gruppo di neuroni e non molla la presa.

Un buon non-compleanno a me, a te!

Sulla scia del canto, arriva alla casa della Lepre marzolina, che sta prendendo il tè insieme ad Alice e al Cappellaio: i tre, come da manuale, continuano a cambiare posto, usando una tazza diversa.

«Ascoltami» dice Edward accostandosi all'orecchio della bambina, per sovrastare le voci di quelle strane creature. «È importante!»

«Giocare è più importante di tutto» gli risponde lei, spostandosi da una tazza all'altra e portandosela alle labbra, senza avere però il tempo di bere.

«Non me ne frega niente del vostro gioco. Il mondo là fuori sta morendo, te ne rendi conto?»

Tutti si fermano di colpo e guardano Edward con serietà.

«Cosa ha detto questo tizio?» chiede la Lepre marzolina, accarezzandosi i bottoni del panciotto.

«Il morto sta mondendo» risponde il Cappellaio, che ha grandi ciuffi che gli escono ai lati delle orecchie e un fiocco rosso al collo. «No, scusate», e si dà un colpetto alla tempia, «il mondo sta morendo.»

«Endo?» dice la Lepre.

«Ondo!» risponde il Cappellaio.

La musica riprende più forte di prima, forse viene dagli alberi o forse dal cielo che è rosso – Edward non l'aveva notato, "Come ho fatto a non vederlo" si dice – ma è tutto troppo assurdo e i numeri che gli muovono i pensieri non riescono a chiarire ciò che esiste, sono insiemi vuoti, divisioni di numeri primi. La sua logica è in cortocircuito e questo lo stanca infinitamente, perché non riesce mai a volare leggero sopra ciò che non comprende.

«Ti prego» dice alla bambina in un ultimo tentativo, mentre lei ride con tutti i denti alle sciocchezze dei suoi compagni di giochi. «Sei la nostra ultima speranza.»

«Io non sono una speranza, sono Alice. E tu sei

buffo» gli risponde lei, andando al posto successivo. «Fuori non c'è proprio nessun mondo, te lo sei sognato, qui si fanno sogni che sembrano veri.»

«Anch'io ho fatto un sogno» dice Luna. È arrivata per mano ad Alma e sembra del tutto padrona di sé.

Alice le si avvicina saltellando. «Quale, quale?» chiede, battendo le mani.

«Ho sognato che eri la mia mamma.»

Un lampo passa negli occhi di Alice, il fotone di un ricordo troppo lontano per essere fermato, stella cadente che lascia una coda di luce. La pancia che si gonfia, la vita che spinge, il grido di lacerazione che divide il prima dal dopo, la venuta alla luce, il seno pieno di latte, la neonata attaccata al suo petto.

Luna si aggrappa a quella scia di cometa e attraversa il cielo in un istante che dura un millennio. "Eccoti. Ci sei stata, anche se ora non ricordi. Ci sei stata, questo conta."

Poi le nubi si dileguano dal viso di Alice, nuovamente sereno, come dopo un temporale.

«Che strano sogno» dice.

«Già» risponde Luna. «Ti va ancora di giocare?»

Lei si illumina. «Certo! Vieni che ti presento la Lepre e il Cappellaio, vedrai, sono divertenti.»

«Be', oggi è anche il mio non-compleanno, a dirla tutta...»

«Allora dobbiamo festeggiare!»

Alma e Edward la osservano allontanarsi, in silenzio. Sulle loro spalle si posa di colpo tutta la stanchezza provocata da quel mondo immaginario e insensato.

«Fermiamoci un attimo» propone il ragazzo.

Si sdraiano insieme sotto un albero, a respirare un'aria che non esiste. L'hanno già fatto, in qualche altra vita? Sono stati stesi vicini, all'ombra delle foglie verdi, in una giornata fresca d'estate, dopo una camminata? I loro ricordi si mescolano nella rete, girandosi intorno per poi precipitare, gli uni sugli altri, smettendo di essere potenzialità e diventando un unico nucleo fuso e reale. In quale mondo si sono già toccati, annusati, tenuti stretti? Edward ha nelle narici l'odore del legno che brucia. Gli arriva il ricordo di mille anni prima, un torneo di spade e cavalieri, sente il suono muto della neve che cade in una notte senza luna e vede Alma con indosso la corona: luce che squarcia il buio.

«Ti ho già conosciuta» le sussurra.

Lei è lì con lui. Vede dai suoi stessi occhi, sente il freddo nelle ossa, sensazione sconosciuta che la fa rabbrividire. Siede a testa alta, mentre il vestito scivola sul legno intarsiato del trono.

A un tratto passi di marcia li colgono nel mezzo del viaggio che stanno facendo insieme, in vite che non sono questa. Li sentono avvicinarsi, mentre il terreno si muove sotto di loro, ritmato, costante.

«Cosa succede?» chiede Alma, ancora immersa nel ricordo, ma Edward non lo sa.

È un suono di tromba a riportarli al presente, qualunque esso sia. Da lontano vedono avvicinarsi un battaglione enorme di carte da gioco.

«C'è una sola regina in questo regno» grida il primo soldato, il dieci di picche. «A morte! A morte!»

«Alzati» le dice Edward. «Veloce. Questi vogliono te.»

Insieme corrono verso Luna, che è ancora al tavolo a festeggiare il non-compleanno, ma ha sentito le trombe e ha intuito che le cose si stanno mettendo male.

«Scappiamo!» le gridano i ragazzi.

Così la bambina si precipita da Alice, la solleva con un po' di fatica per poi stringerla forte, solo un attimo. L'altra le si aggrappa al collo.

«Non andare via, voglio giocare ancora» piagnucola, ma non c'è più tempo. I tre scappano più veloci che possono, i soldati sono sempre più vicini.

Corrono nel bosco, passano accanto al fungo, corrono sul sentiero e nel prato dove hanno trovato Luna. Le carte li inseguono, e sono mille e poi duemila e poi milioni di piccoli esseri con piccole lance, mentre loro hanno paura di non trovare più la strada, perché stanno girando in tondo, *prato sentiero fungo bosco*, e poi ancora e ancora.

D'improvviso una porta si apre dove porta non c'era. L'aiuto di Corban li trascina altrove, lontano da quel mondo di byte costruito da Alice, che lui conosce alla perfezione, giù lungo un corridoio in discesa, un pozzo, dove il sopra e il sotto si confondono nuovamente, come all'inizio.

Poi, di colpo, tutto si quieta. I tre respirano a fondo, cercano di calmare il battito del cuore: non hanno polmoni, eppure li sentono bruciare comunque.

«Addio, Elohi» dice Edward.

«No» gli risponde Luna. «So dove sono.»

Gli sguardi si concentrano su di lei.

«Alice ha fatto il disegno di una mappa, mentre giocavamo. L'ho memorizzata. Quando usciamo di qui la trasferisco a Tabita, vedrete che ci porterà a destinazione.»

35

Tornare nel corpo non è facile. Quando Alma si avvicina al risveglio avverte centinaia di aghi pungerle la carne e bucarle gli organi interni, trapassandola da parte a parte. Il dolore è forte, ma ancora più forte è la sensazione di limite che percepisce, come se fosse dentro una gabbia non abbastanza grande da contenerla. Cosa deve lasciare fuori per poter rientrare? Come riuscire a ridimensionare ciò che si è espanso, l'immensità del campo che ha preso nuova forma?

Alma sente l'angoscia dell'amputazione, la precipitazione dell'infinito verso qualcosa di visibile e circoscritto. Il desiderio di tornare al prima, quando tutto era indeterminato, le schiaccia il petto. E poi la corona. Le manca terribilmente e non se lo aspettava.

Nel dormiveglia del ritorno, mentre il cane e il pappagallo cercano di farla uscire a piccoli passi dalla rete – il rischio di scollegare la coscienza dal corpo è sempre presente –, sente una tristezza antica invaderla, la nostalgia di quell'aspetto che ha incarnato per pochi istanti, "O giorni o anni interi, che differenza fa". L'imperatrice. Tornata al suo corpo magro e senza forme, agli occhi neri e fondi come pozzi, ai capelli corti e scuri che la fanno sembrare un ragazzino, avverte forte la mancanza di qualcosa che non sapeva di desiderare.

"Ero una donna, ed ero potente. Brillavo come luce nella notte."

Anche per Edward il ritorno è difficile, ma i numeri lo traghettano nell'aldiquà con più morbidezza. Ciò che lo rende sé stesso, la costante che a tratti muta in rigidità, gli permette di mantenere una forma uguale nelle varie dimensioni e riconoscere in ogni caso il proprio volto. Durante il risveglio muove le dita, così un ricordo depositato nelle falangi – come sale precipitato da una reazione chimica – ritorna. È una voce lontana quella che sente a occhi ancora chiusi, l'ha trattenuta in un giorno d'autunno, aveva forse dieci anni.

Di fronte a lui c'era un circuito elettrico e il nonno gli spiegava il limite fisico del materiale, del supporto che un tempo rallentava la velocità di trasmissione. Edward era piccolo, ma capiva bene il senso della resistenza che la corrente incontrava transitando in un cavo, colpa della fisicità che si oppone al passaggio. Ma solo adesso il ragazzo percepisce davvero quel freno, ora che rientra nella corporeità che è limite e strumento della vita di tutti.

«Devo andare.» Congedarsi da suo padre è per Luna la cosa più difficile. Sanno entrambi che è la scelta giusta, eppure non riescono a lasciarsi le mani, perché non sono sicuri che esista nuovamente la possibilità di incontrarsi in quel luogo o in qualsiasi altro.

«Non morire, fino a che non torno» gli dice la bambina.

Lui vorrebbe promettere, ma non può. Lei lo sa. Hanno entrambi il loro cammino da fare, funziona così.

«Tornerò» gli dice lei e lo abbraccia forte, sciogliendosi nella consapevolezza che lui ci sarà sempre, passo accanto al suo, memoria del cammino, anche se i suoi visori non lo percepiranno. Lo sentirà altrove, in qualche posto dalle parti del cuore.

Così Alma, Edward e Luna riemergono senza fiato, alzandosi di nuovo nei loro corpi, tutti e tre. Le gambe li reggono a stento, eppure provano ad avvicinarsi, fino a che le loro dita non si toccano, finalmente.

"Siamo qui. Siamo di nuovo qui."

E nel sentire la pelle sulla pelle, l'odore che li rende animali e riconoscibili anche al buio, ecco che una gioia li afferra, nel fondo dello stomaco, quella dell'essere creature di carne e sangue per qualche tempo ancora.

Prima di uscire dalla stanza della connessione Luna cerca il corpo di Corban.

«Non guardarlo» le dice Edward.

«Voglio vederlo.»

«Non è meglio se lo ricordi com'era nella rete?»

La bambina non lo ascolta. Passa lentamente accanto agli altri esseri addormentati, fino a che non lo trova. Ci vuole un attimo perché lo riconosca: ha il viso raggrinzito come la pelle vuota dei serpenti, quella che lasciano dietro di sé quando la cambiano, nel bollore del deserto. Ha mani scheletriche e le ossa del cranio in evidenza. Luna allunga le dita, con un tocco leggero gli sfiora la fronte. Sente freddo.

«Ciao, papà.»

L'elefante li aspetta sulla porta e in mano ha il coltello di Edward.

«Questo appartiene a te.»

Il ragazzo lo prende e lo rimette in tasca. Quegli uomini con la maschera di animali non hanno fatto loro del male, mentre erano altrove, e oggi li hanno aiutati a tornare alla vita.

«Grazie» dice.

L'altro annuisce, muovendo piano la proboscide.

Li riportano in superficie dentro una bolla simile a quella con cui sono arrivati. Luna preme il viso contro il vetro: osserva l'abisso torbido farsi più chiaro, mentre risalgono.

«Popolato di pesci era meraviglioso» le dice il cane. «Mi dispiace che tu non l'abbia visto.»

«L'acqua era trasparente? Si poteva bere?» chiede la bambina.

«No, era salata. Ma trasparente sì, e rifletteva il cielo.»

«Chissà com'era bella.»

Sulla spiaggia li aspetta Tabita, in ansia quanto può esserlo un'intelligenza artificiale. Riconoscendo le voci, l'automobile apre tutti gli sportelli per far uscire almeno un po' del caldo infernale che si è accumulato al suo interno.

«Ho cercato di raffreddare l'abitacolo, ma non mi è stato possibile» spiega. «Ho comunque tenuto in fresco cibo e acqua.»

«Sei stata bravissima» le dice Luna. «Adesso collegati ai miei visori, scarico nel sistema una mappa, d'accordo?»

«Agli ordini» risponde Tabita. E dopo pochi istanti aggiunge: «Acquisita. Ora mettetevi comodi, si parte. La destinazione è a quattro giorni di strada verso est».

36

Abbiamo taciuto, per non sovraccaricarvi di voci. Vi abbiamo osservato immergervi nella rete che altri uomini hanno tessuto, universo che si espande ampio in superficie. Ciò che offriamo a voi, come un amo gettato con fiducia nella vastità dell'oceano, è invece connessione di profondità, e mette radici nell'abisso del tempo.

Siete stati senza corpo, avete sperimentato l'assoluto, e la nostalgia di quell'abbandono tornerà sempre da voi a chiedere spazio. L'eternità. Quando siete corpi, questa parola risuona sinistra, perché la vita difende per istinto la vita, e la morte ne mozza il respiro. Ma ricordate che eterno è ciò che esiste. In qualunque forma si trovi.

Dalle piante dei vostri piedi stanno spuntando radici robuste che scendono nel terreno e vanno in profondità ad abbracciare il nucleo ferroso della terra, stringendosi intorno a lui. Dalla vostra testa salgono antenne, mille e ancora mille, fili sottili che si tendono nello spazio ad agganciare ognuno un pianeta, una stella, un sistema o una galassia, ancorandosi alla sua luce e scambiandola con l'energia del nucleo, in un flusso incessante che vi illumina e vi colma fino all'orlo.

Il vostro corpo ora è brillante di luce dorata: lasciate andare le energie elemosinate in passato, residui che non vi spettano, e rimandatele al tempo, al luogo e alla persona alla quale appartengono. Fatelo con gratitudine: non vi servono più. Le vostre braccia si allungano come rami, le dita si innestano sulla natura circostante, la poca che ancora respira, chiedendovi di entrare in relazione con ogni particella dell'universo che è unica, degna di rispetto e sacra.

Siete pronti. È il momento. Andate da coloro che per primi hanno trovato una nuova sorgente. Può essere l'inizio di tutto, oppure la fine. Alzate lo sguardo per reggere il peso di ciò che non è come appare: ora avete più spazio, dentro di voi, e la nostra piena fiducia.

Buon viaggio, Arcadiani.

Rubedo

ELOHI

37

«Come vi sentite, oggi?»

Edward guarda la palla infuocata del sole che sta calando all'orizzonte. Deve ammettere di aver sottovalutato Tabita. Quell'automobile non è solo intelligente, sembra quasi possedere una sensibilità umana. Il nonno non si è mai fidato delle intelligenze artificiali, e lui da piccolo ha assorbito quell'atteggiamento sospettoso per osmosi, come fanno i bambini. «Sembra abbiano un cuore, ma non è vero» gli diceva. «La cosa che ci distingue dalle macchine è la pompa che senti nel petto, ricordatelo.»

«Io sto bene» le risponde Luna, accoccolata nell'angolo meno bollente, accanto al refrigeratore. «E tu, Tabita?»

«Non me l'aveva mai chiesto nessuno, vecchia mia. La ricarica solare è al massimo e per il resto tutto sembra funzionare, grazie.»

«Mi piace quando mi chiami così.»

«Quali sono le criticità?» chiede Edward all'automobile.

«Il sistema di raffreddamento. Ma i miei sensori avvertono da ieri un lieve calo della temperatura esterna, per fortuna. E anche una diversa composizione del terreno.»

«Di che tipo?»

«Si tratta di variazioni minime. Ma rilevo qualche nutriente e una percentuale di umidità assente fino a ora.»

«Umidità?» Sembrava che Alma dormisse, ma stava solo riposando gli occhi. «Davvero, c'è dell'acqua qui sotto? Sul serio?»

«Aspetta» dice Edward. «Magari è solo un tipo di terreno che assorbe la poca pioggia di queste parti.»

«Può darsi» continua Alma. «O forse ci stiamo avvicinando agli Elohi e Oltre aveva ragione, hanno trovato una sorgente.»

«Certo che Oltre ha ragione» si intromette Luna.

I suoi occhi sono di nuovo senza espressione, semplice luogo di elaborazione dei visori, mentre lo sguardo mobile e azzurrissimo che aveva nella rete è rimasto stampato nella memoria degli altri due.

La voce della bambina ha una vena di sorpresa: «Ma ci credete davvero, oppure no?».

"Credere" è una parola difficile. E non è precisa. Se credere vuol dire lasciare la propria casa per fare i conti con un mondo che sta morendo, cercando una soluzione che sembra impossibile, allora loro credono. Se credere vuol dire sentirsi responsabile per una bambina apparsa nei sogni, facendo in modo che non le succeda niente di male, allora loro credono. Se credere vuol dire rimanere aggrappato agli occhi neri di una ragazza forse troppo grande e ferita per potersi fidare, e continuare a farlo un giorno dopo l'altro anche quando sembra non serva a niente, allora Edward crede come nessuno mai.

«Perché dovrei dubitare di Oltre?» dice Alma. «E comunque penso che l'acqua sia vicina, questo sì.»

Un trillo che viene dai comandi catalizza in un istante l'attenzione dei presenti.

«Un messaggio» dice Tabita.

«Di chi?» chiede Edward.

«L'Ammiraglio. Vuole connettersi con voi. Cerco di stabilizzare il segnale di rete.»

L'ologramma viene proiettato in tre dimensioni sul retro dell'auto, con i finestrini oscurati. Quell'uomo vestito di turchese appare dal nulla e Alma avverte nella gola un pizzicore di nostalgia che la coglie di sorpresa.

«Ammiraglio!» grida Luna.

«Ciao, pasticcino.»

«Tabita mi chiama "vecchia mia"! Dice che gliel'hai insegnato tu!»

«Tabita?»

«L'automobile. Edward le ha dato un nome.»

«Ah, ottimo. Ha fatto bene, i nomi sono importanti. Allora, vecchia mia, che mi dici?»

Luna ride. «Sono contenta di vederti!»

Alma si avvicina alla proiezione e lo sguardo dell'Ammiraglio si ammorbidisce. «State tutti bene, per fortuna. Tabita mi ha comunicato che siete ripartiti.»

«Già. Ci avviciniamo agli Elohi. Finalmente sappiamo dove cercarli» spiega Alma.

«Sono lieto che la vostra missione nella rete abbia avuto successo. Pensavo che le cose stessero volgendo al peggio, lo ammetto: non avevo più aggiornamenti sulla rotta.»

«Diciamo che non è stato esattamente facile, ma è andata» dice Edward.

«Bene, bene. Cercate però di essere ancora più prudenti da qui in avanti.»

Alma ha imparato a conoscerlo. Sa che pesa le parole, che non dice niente senza motivo.

«Cosa hai scoperto?» gli chiede. «Sai qualcosa?»

L'Ammiraglio la guarda un momento, poi dice: «Non molto, ma ho fatto qualche domanda in giro».

«In giro, dove?» interviene Edward. Da quando ha visto come Erin si rivolgeva a quell'uomo al mercato nero, non lo abbandona mai una sottile inquietudine.

«Militari. Parlano di una nuova sorgente che non sono riusciti a occupare; le missioni che hanno inviato sono tutte fallite. Più che altro sono… scomparse nel nulla.»

«In che senso, *scomparse*?» chiede Alma.

«Nessun militare mandato a verificare la presenza di questa nuova fonte è mai tornato.»

Nell'abitacolo cala un silenzio pesante.

«Per questo vi chiedo di fare attenzione» conclude l'Ammiraglio. «Molta.»

Quella notte non dorme nessuno. L'automobile lo avverte, perché i respiri sono quelli della veglia, così prova a inviare un leggero tremolio alla struttura, per cullare i suoi tre amici e accompagnarli nel sonno. Ci riesce solo con Luna ("Buonanotte, vecchia mia"), mentre Alma e Edward rimangono invischiati in un timore che aderisce alle loro fibre nervose, come zucchero sulle dita.

Quando il giorno si fa strada nel cielo, Tabita interrompe il silenzio, scuotendoli dai loro pensieri e rallentando la corsa fino a fermarsi.

«Siamo arrivati.»

«È qui?» chiede Edward.

«Questo è il punto delle coordinate che ho ricevuto da Luna» risponde l'automobile.

La bambina dorme ancora, meglio così. Non hanno cuore di dirle che si è sbagliata, o che Alice le ha mentito: fuori dai finestrini ci sono solo polvere e rocce a perdita d'occhio.

«Qui non c'è proprio niente» sospira Alma. «Niente di niente.»

38

Poi, di colpo, in silenzio, si spalanca la terra.

No, se guardano bene non è il terreno ad aprirsi, è la materia che si crea dal nulla, emergendo improvvisamente da un luogo che non era visibile e mostrandosi ai loro occhi. Alma e Edward gridano con tutta la voce che hanno in corpo e il suono si amplifica, rimbalzando da un lato all'altro dell'abitacolo. Luna si sveglia di soprassalto, il cuore sparato nel petto.

«Cosa succede?»

Rimane a bocca aperta. Di fronte a loro troneggia ora un'enorme cupola trasparente, grande come una montagna, che pochi istanti prima non si vedeva.

«Sono loro» dice la bambina. «Finalmente.»

Dopo qualche istante nella struttura si crea un varco, una spaccatura verticale dalla quale escono una decina di persone, coperte come i tuareg del deserto, che si incamminano verso di loro.

«Cosa facciamo?» chiede Alma. Ciò che ha detto

l'Ammiraglio la sera prima le echeggia nella testa, e questa inquietante apparizione non ha migliorato la situazione.

«Ormai siamo qui» dice Edward. «Dobbiamo parlare con loro.»

«Attivo il comando di apertura?» chiede Tabita. «Confermatemelo, per favore.»

«Sì» risponde Alma. "D'altronde ho superato cose ben più difficili di un'illusione in un maledetto deserto" si dice. «Aspettaci qui. Fino dove arriva il tuo sensore?»

«Dieci chilometri.»

«Basteranno» dice Edward, che ha capito le intenzioni della ragazza. «Speriamo solo che la cupola non schermi il segnale.»

«Ti avviseremo se avessimo bisogno di aiuto, va bene?» continua Alma, prendendo un aggeggio grande come un pollice e mettendoselo in tasca. «In quel caso, avvisa subito l'Ammiraglio.»

«Agli ordini» risponde Tabita. «Siate prudenti. Soprattutto tu, vecchia mia.»

Luna le fa una carezza sul sedile.

«Non ti preoccupare, andrà tutto bene. Loro sono connessi come noi, non possono farci del male.»

Quando si aprono le portiere dell'automobile, li assale un caldo mortale. Lo schermo di Tabita segna quarantasette gradi e i raggi tossici del sole sono aghi sulla pelle. Nel frattempo la delegazione li ha quasi raggiunti: uomini e donne vestiti di colori accesi, in un gruppo che non sembra avere struttura gerarchica. Un'espressione di grande gioia brilla sui loro volti.

«Luna, resta dietro di me» dice Edward.

«Ma io non ho paura.»

«Resta dietro di me lo stesso.»

«Ben arrivati» esordisce il più alto, quando sono abbastanza vicini. «Innanzitutto, prendete questi. Qui il sole provoca ustioni immediate.» Così dicendo, offre loro dei teli. «Avvolgeteli intorno al corpo, coprendo anche la testa. Vi schermeranno nel tragitto.»

«Grazie» dice Luna, afferrando il primo. È bianco e leggerissimo, appena lo indossa sente una piacevole frescura avvolgerla.

«Ma è magico!» ride.

«Siamo contenti che ti piaccia, Luna» dice un uomo vestito di giallo.

«Sai il mio nome?»

«Sappiamo molte cose di voi» spiega una delle donne. «È parecchio che vi aspettiamo.»

«Di voi, invece, noi non sappiamo niente» replica Edward con una voce che vorrebbe più neutra. «E neppure se possiamo fidarci.»

«Avrete modo di parlare con la triade, sapranno rispondere a tutte le vostre domande. Ma è Oltre ad avervi mandato qui, questo dovrebbe rassicurarvi.»

Alma prende un telo azzurro dalle mani dell'uomo alto e lo indossa. Edward vorrebbe non averne bisogno ma il sole è rovente, così si rassegna ad afferrarne uno color argento e ad avvolgerselo intorno: la temperatura cala quel tanto da riuscire a farlo respirare meglio. Presa la mano di Luna, si incammina dietro la delegazione, e Alma li segue.

Man mano che si avvicinano, la struttura si fa sempre più grande: a ogni passo cresce di decine di metri, come in un'illusione ottica. Quando la raggiungono, nella parete della cupola si apre lo stesso varco di prima, invitandoli a entrare, così Alma prende l'altra mano di Luna e tutti e tre insieme fanno il passo che li porta nel mondo degli Elohi, la loro destinazione, linea alla quale tendevano anche prima di esserne davvero consapevoli.

Una volta dentro, si ritrovano in un luogo che assomiglia al paradiso, o all'idea che se ne sono fatti. L'aria intorno, il vento che accarezza la pelle: respirano a pieni polmoni sentendo il fresco invadere il petto.

E poi, acqua.

Acqua dovunque, che scende in fontane e forma piscine, acqua che cola in rivoli dalla roccia, che bagna il terreno e i loro piedi. Acqua che scorre e suona come musica. Prima ancora di capire, l'istinto vitale li travolge, come una forza non controllabile: bevono. Buttano la testa sotto i getti, immergono nelle vasche le braccia fino al gomito, godendo di un piacere antico, che Alma e Edward fanno fatica a ricordare, e Luna proprio non conosce. Bevono fino a scoppiare, bevono fino a che la sete costante che accartoccia la pelle e ottunde i pensieri non si quieta.

39

La delegazione degli Elohi li accompagna in un giardino che racchiude giochi d'acqua e prati costellati di fiori viola, gialli, bianchi. Luna si scopre i piedi e le gambe, corre a rotolarsi sull'erba, morbida come non ne ha mai toccata.

«Sembra finta» dice Alma. Anche lei si è tolta le scarpe e le piante dei piedi le inviano tante piccole scosse lungo il corpo mentre cammina. L'erba è rigogliosa e umida, pervasa di vita. Non ricorda un solo giorno della sua esistenza in cui si sia sentita tanto circondata da energia nuova e pulita. Ha corso mille anni e ora che sta finalmente riprendendo fiato, avverte una stanchezza senza fondo posarsi sulle spalle. Si sdraia accanto a Luna e nota che la bambina si è già immersa con naturalezza nel flusso vitale che attraversa quel luogo, come se fosse tornata a casa.

«Allora la Terra può essere di nuovo così» sussurra, mentre una tristezza trapassa il sollievo e la prende alla gola. Le lacrime che sente salire sono le più leggere che abbia mai pianto.

Edward osserva entrambe, in silenzio. Anche lui è molto stanco. I numeri nella testa tacciono. La sete anche. Avverte il suo organismo come una macchina a riposo, un ingranaggio surriscaldato che ha finalmente il tempo per raffreddarsi. Cerca di rimanere vigile ma una strana energia lo attraversa, ammorbidendo il corpo e i pensieri.

«Benvenuti, Arcadiani.»

Quella parola riempie lo spazio. Tutti e tre l'hanno già sentita, senza esserselo mai detto. Nei sogni, nelle connessioni, quando Oltre ha parlato loro, era presente. *Arcadiani.*

La triade è composta da due donne e un uomo. Alma e Luna fanno per alzarsi, ma i tre si accovacciano sull'erba accanto a loro, e indicano a Edward di raggiungerli.

«Siamo molto contenti del vostro arrivo» dice una delle donne. Ha una voce sottile e parla lentamente. «Oltre l'aveva preannunciato, ma non eravamo certi di quando sareste giunti.»

«Vogliamo solo darvi il benvenuto» aggiunge l'uomo che ha un telo avvolto intorno alla testa, come un turbante. «Siete di certo molto stanchi e avete bisogno di riposare. Ci sarà modo, nei prossimi giorni, di mostrarvi come viviamo qui.»

«Come vi chiamate?» chiede Edward, sentendo la sua stessa voce rallentata, sazia.

«Non usiamo più i nomi della vecchia vita, abbiamo preso in noi i simboli di Oltre» risponde l'altra donna, che ha gli occhi dello stesso verde di Edward. Poi continua: «Io ho preso il due: ogni manifestazione del visibile ha in sé luce e ombra, che sembrano contrapporsi ma sono invece parte inscindibile di un tutto».

«Io l'otto» spiega l'uomo con il turbante. «Tutto ciò che accade si ripete all'infinito, come una strada già percorsa, una spirale che porta a livelli superiori di consapevolezza.»

«E io ho scelto l'undici: non tutto è comprensibile tramite scomposizione nelle singole parti, esiste un'essenza sacra che non va capita ma solo osservata» conclude la donna con la voce sottile.

Edward, sentendo le loro parole, entra in un flusso che non riesce ad arrestare, come un'onda che lo porta con sé e alla quale si arrende. I numeri, presi in prestito da quelle persone, sono i suoi. O meglio, sono quelli di tutti, ma per lui sono stati compagnia, appiglio, sentiero, nelle notti solitarie. Quei numeri l'hanno compreso, hanno spiegato ciò che era confusione, hanno dato un senso al caos. «I numeri sono miei amici» diceva da piccolo, e il nonno rideva accarezzandogli la testa riccia.

«Quindi dobbiamo chiamarvi così?» chiede Luna. «Due, Otto e Undici?»

«Se per voi va bene, per noi va bene» risponde Otto.

«E chi comanda tra voi?» chiede Alma, mentre sente un sonno antico arrivarle addosso. Le sfugge uno sbadiglio, fa fatica a tenere gli occhi aperti. Ha già dimenticato le parole dell'Ammiraglio, sono troppo lontane.

«"Comandare" non è la parola esatta» risponde Due.

«Non è richiesto un comando, in questo luogo. Diciamo che noi tre, insieme, siamo un riferimento per chi vive qui» aggiunge Undici.

Edward si sforza di stare attento, ma ha solo voglia di scivolare nel sonno e nei ricordi. Da piccolo aveva una lampada che proiettava ombre sulla parete; ora ne ricorda un paio, erano un cavallo e un coniglio, ma il terzo? Il terzo che animale era?

«E chi ci vive, qui?» incalza Alma.

Si aggrappa alla volontà, per non allentare la tensione accumulata in quegli anni bui e senza fondo, ma non ci riesce. La spossatezza li stende tutti come bambini in macchina, al rientro da una gita.

«Le menti migliori. Scienziati, scrittori, musicisti, ricercatori. Li abbiamo chiamati per ricominciare insieme, per costruire un mondo diverso. Senza più sete.»

«Allora siamo nel posto giusto» dice Luna prima di accoccolarsi sulle ginocchia di Edward e chiudere gli occhi. «Siamo qui per salvare la Terra e possiamo farlo insieme.»

«Non proprio, Luna, non proprio» dice Due. Ma gli Arcadiani dormono già.

40

Alma apre gli occhi e si ritrova aggrovigliata in un telo leggero. La luce del mattino filtra dalle fessure della finestra aperta, da cui entra anche un bel vento fresco. Ha dormito per due giorni interi. Non lo sa ancora con esattezza, eppure lo avverte dalla straordinaria sazietà di riposo che la invade: si è abbandonata al sonno in modo totale; non sa se sia stata una scelta saggia, in ogni caso il suo corpo ha deciso per lei.

Sente le fontane degli Elohi gorgogliare in lontananza e questo le risveglia una sete feroce. Quando mette i piedi nudi a terra le arriva anche la fame, così si alza e si avvicina a un tavolino dove è posato del cibo che ricorda di aver visto da bambina, ma che non ha più mangiato da allora. Frutta, verdura, pane. Lì accanto, tre bottiglie colme di acqua.

Se ne versa un bicchiere, poi un altro: sulla lingua è fresca, meravigliosa. Non è piovana, di questo è certa, ha un gusto completamente diverso, più complesso, più buono. Dopo aver finito mezza bottiglia in un fiato, si ferma per sentire se il demone della sete si è quietato, almeno un po'. Sembra di sì, così addenta una mela: i denti affondano nella polpa croccante e il succo le bagna le labbra. È buonissima. Prende un altro morso senza aver inghiottito il primo, si riempie la bocca masticando il più veloce possibile, e la finisce in pochi bocconi.

Poi afferra un altro frutto che ricorda si chiamasse "pesca", è più morbida e dolce, il succo è copioso e le cola sul mento, sulle mani. Alma ne vuole ancora e ancora. Mangia fino a sentire lo stomaco pieno e il cervello che invia scosse di piacere a ogni fibra del corpo. Poi torna a letto, chiude gli occhi e lascia che il vento la inviti nuovamente all'abbandono.

Quando sente bussare alla porta, si accorge di essersi riaddormentata.

«Chi è?» chiede, alzandosi di scatto.

Solo in quel momento capisce di non indossare più i suoi vestiti – sporchi e logori, dopo tutto il tempo in cui li ha indossati – ma una maglia leggera e dei pantaloni morbidi, entrambi azzurri, anche se non ricorda di essersi cambiata. La paura la afferra quando pensa al sensore di Tabita che aveva in tasca, ma passa di colpo non appena lo vede appoggiato accanto al letto. La luce è ancora accesa, sembra funzionare.

«Un rappresentante della triade vuole parlare con te» dice una voce esile. «Torno più tardi?»

«No, no, eccomi.»

Alma apre la porta e si trova di fronte un bambino che avrà forse l'età di Luna, ma a differenza sua ha guance rosse e la pancia che gli arrotonda la tunica. «Seguimi.»

Nella stanza non c'è niente che assomigli a un paio di scarpe, e i suoi stivali devono aver fatto la fine dei vestiti. Anche il bambino, comunque, è a piedi nudi, così Alma lo segue lungo un corridoio che affaccia su un giardino interno, rigoglioso di palme. Nell'aria si sentono ronzare gli insetti.

Dopo aver girato a destra e a sinistra più volte come in una sorta di labirinto, scendono una scalinata e si ritrovano all'esterno. Camminano nell'erba, costeggiando una piazza con una grande vasca di pietra al centro, nella quale sguazzano dei ragazzini. Alma si ferma, perché la scena richiama la sua attenzione. Una di loro, magra e pallida, si arrampica su una scala che sale accanto alla vasca e poi si tuffa, con le ginocchia al petto, senza paura. Sembra impossibile, eppure è proprio... è proprio Luna. E quella scala che usa come trampolino si appoggia a una struttura più grande, una sfera grigia che sembra quasi sospesa a mezz'aria ma è affiancata da altre scale bianche che la sorreggono.

Il bambino intercetta il suo sguardo.

«Va avanti così da ieri, nessuno riesce a farla uscire dall'acqua.»

Alma sente il cuore leggero mentre osserva la ragazzina bere da un getto che scende, andare sotto e poi riemergere. Sembra che quei movimenti le appartengano da sempre.

«Io non ricordo di averlo mai fatto» dice poi.

«Il bagno?» le chiede il bambino.

«Con l'acqua che scorre. Forse da molto piccola. E comunque mai all'aperto, le piscine erano già tutte vuote.»

Il bambino tace per un po'.

«Il mondo là fuori è proprio brutto?»

Alma lo guarda. Ha occhi scuri come i suoi.

«Lo è.»

«E come fanno le persone a vivere?»

«Non ci pensano.»

«Mai?»

«La maggior parte del tempo.»

«Io non ci riuscirei» dice il bambino. Poi si riscuote all'improvviso, come se si fosse ricordato qualcosa. «È tardi, dobbiamo andare.»

«Non ti preoccupare, Joseph.» Due, la donna con gli occhi verdi, spunta alle loro spalle. Ha il viso luminoso e sorridente del loro primo incontro. «Vai pure, ora, e grazie» dice al bambino, che saluta con la mano.

«Come ti senti?» chiede poi ad Alma.

«Sto bene» risponde lei. Fa un cenno alla vasca. «E anche Luna, sembra.»

«È una bambina adorabile.»

«Già.»

«Il vostro amico invece è con il resto della triade a

visitare i laboratori, ci raggiungerà per cena. Tu hai mangiato qualcosa?»

«Sì, grazie. La frutta è ottima. Come fate a coltivarla qui in mezzo al deserto?»

«Un deserto, se c'è una sorgente, non è più un deserto» le risponde la donna.

Alla loro sinistra si stendono orti a perdita d'occhio, con verdure di ogni sorta e alberi ricolmi di albicocche, ciliegie, nespole, fichi.

«La natura è generosa con noi» continua, mentre Alma non riesce a staccare gli occhi da quell'abbondanza.

Dall'Ammiraglio non aveva sempre sete, perché le dava accesso alle scorte d'acqua che teneva in cantina e la nutriva con tutto ciò che riusciva a procurarsi: con lui, non è mai rimasta digiuna. Ma solo ora, davanti ai filari d'uva matura, al grano giallo che riempie i campi, alla fonte limpida che spilla dalle rocce, Alma respira la pienezza e misura la distanza da tutto ciò che ha vissuto fino a quel momento.

L'imperatrice dentro di lei si china a toccare il terreno fertile e umido, ed è certa che le darà ciò che desidera, rigenerandosi ogni volta, perché fa parte di un ciclo, di qualcosa che gira e non si ferma, non si esaurisce. Di fronte a quel paradiso l'idea della mancanza sbiadisce, ma la mendicante che è in lei l'ha vissuta: impazziva di fame e di sete, obbligandola a rubare avanzi di cibo e a vendersi ai militari, in strada, per un po' di piovana.

Alma scuote la testa per scacciarla, eppure eccola riemergere, inebriata dal profumo dei frutti maturi, incisa a fuoco nella sua carne.

41

Il centro di ricerca è in una costruzione che si sviluppa verso il basso, scavata nelle profondità del terreno. Quello che emerge in superficie è solo il tetto, trasparente, a semisfera.

«Ci piace osservare le stelle» spiega Otto. «Bastano loro a illuminare la notte, in un posto isolato come questo.»

Ha smesso gli abiti del deserto con cui ha accolto i nuovi venuti e indossa una camicia e un paio di pantaloni di cotone: Edward lo nota, perché gli abiti in fibre naturali sono ormai rarissimi, fuori da lì. È un uomo magnetico, che irradia un campo di energia alla quale il ragazzo non è immune.

«Non vengono schermate dalla cupola esterna?»

«Dipende. Quello che circonda il nostro mondo è un foglio lenticolare in grado di deviare la luce. Ci nasconde nello spettro visibile, una specie di mantello dell'invisibilità. Ma può essere disattivato, come quando vi siamo apparsi.»

Edward cammina al suo fianco. Da due ore scendono dentro la struttura, ma ancora non se ne vede la fine. È composta da decine di laboratori chimici, microbiologici e di fisica delle particelle, e ci sono intere sezioni dedicate alla robotica, all'intelligenza artificiale e agli androidi.

«Siamo orgogliosi di avere con noi molti dei migliori scienziati al mondo. Li abbiamo scelti. Siamo andati a cercarli per portarli qui.»

«E loro sono d'accordo?» chiede il ragazzo.

«Tu non lo saresti? Trovano acqua e cibo a volontà, e si possono dedicare alle loro ricerche. Alcuni di loro, là fuori, erano sull'orlo del suicidio.»

«Lavoravano per i governi?»

«Non tutti. E comunque i loro sforzi, lì, erano vani. Non esiste una reale alternativa all'acqua. Servono sorgenti e noi ne abbiamo trovata una.»

«Grazie a Oltre.»

Otto lo guarda negli occhi. Quando si passa una mano sulla fronte, lo fa come se scacciasse un pensiero: ha dita delicate, di chi non ha sofferto. «Già, grazie a Oltre. E studiamo il modo di ricominciare al meglio in un modo nuovo, sostenibile.»

«Dove prendete il materiale?»

«Abbiamo le nostre fonti.»

«Militari?»

«No. Mesi fa una pattuglia dell'esercito di Byzan è arrivata fin qui, ha cercato di prendere possesso della sorgente per renderla governativa. Quando hanno visto questo paradiso, però, non sono più tornati indietro, e si capisce.»

«Ma avevano una missione...»

«Sono esseri umani, prima che militari.»

L'uomo scruta Edward per verificare se ci sia diffidenza nei suoi occhi, ma lui ha sospeso il giudizio. È affascinato da quel luogo di sapere e sperimentazione, cui ha subito sentito di appartenere. Nel ricordo ha di nuovo otto anni e guarda il nonno muovere le mani sul banco da lavoro, ne studia i movimenti, assorbe ciò che vede e ne fa tesoro. Allo stesso modo, una fame urgente e conosciuta lo travolge adesso, lì nel ventre della Terra, la fame di imparare ciò che non conosce, mentre fissa ipnotizzato gli esperimenti che si svelano sotto i suoi occhi e la scienza mostrarsi. La conoscenza trova parole in un insieme di formule e lui ne riconosce i numeri, li accarezza nella mente, cibo per i suoi neuroni a digiuno che li inglobano e formano nuove connessioni istantanee.

L'uomo della triade legge più che bene quello sguardo. E sa che è il momento giusto.

«Abbiamo bisogno di te, qui.»

Edward sente una scossa percorrergli il corpo, arrivando fino alla punta delle dita. Rimane in silenzio così a lungo che Otto ripete la richiesta.

«Resta.»

«Perché?» chiede, infine.

«Stiamo avviando un progetto particolare. Si chiama *impronta*. Il tuo apporto sarebbe fondamentale.»

"Respira. Non andare in apnea" si dice Edward.

«Di che si tratta?»

«Le cellule di cui sono composti gli esseri umani muoiono e si generano in continuazione. Ogni sette anni, più o meno, l'organismo è nuovo, se mi passi il termine poco scientifico.»

«Questo lo so. Vai avanti.»

«Eppure manteniamo la stessa forma. Siamo riconoscibili, anche se invecchiamo. Ciascuno di noi. I pezzi dai quali siamo composti mutano, ma l'insieme mantiene una stessa *impronta*, appunto.»

«Be', certo. È il cervello a governare il processo. E le cellule hanno in loro una parte di memoria, sembra.»

«Vero. Ma vogliamo andare più a fondo. Analizzare il meccanismo. Seguirne le orme. Comprendere quale percorso fanno gli atomi per organizzarsi. Cosa li guida verso una forma che ci assomiglia, che ci rende *noi*, senza ombra di dubbio.»

«Questa non è solo scienza, è anche metafisica.»

«Infatti sto parlando con un uomo collegato a Oltre.»

Nessuno l'aveva mai definito così, prima. "Un uomo." Edward si chiede se lo è davvero. Ha quasi diciotto anni, in fondo... no, aspetta, li ha compiuti la settimana scorsa. Poco male. Non era nelle condizioni di pretendere una torta con le candeline.

«E dovremmo rimanere qui?»

«Sì, dovresti rimanere qui.»

«E Luna, Alma?»

«Se vogliono, c'è posto anche per loro. Non so se hai visto la bambina giocare con gli altri, nella vasca della piazza. Sembrava molto felice.»

Edward si guarda intorno un'ultima volta. È tutto così giusto, lì, per lui. Così pieno di energia focalizzata verso nuovi obiettivi, come se davvero il mondo avesse ancora un futuro. Gli Elohi stanno provando a costruire un orizzonte, dopo anni di muri. E lui vuole esserci. Dentro di sé, ha già deciso.

«Ci devo pensare» dice, però.

«Prenditi tutto il tempo che ti serve.»

42

Odisseo incontra le sirene nelle profondità di sé, le stesse dove ora giacete. Il loro canto è assordante.

Vi invischia nella natura del vostro essere, agganciando nodi antichi che non conoscono la luce.

Quelle creature parlano con ognuno di voi in una lingua diversa, adatta alla storia che conservate tra le pieghe delle mani; conoscono i sentieri per entrare e siedono pazienti fuori dalle stanze buie, quelle che provate a tenere nascoste senza riuscirci. In mano hanno un mazzo di chiavi: spalancare le porte è solo questione di tempo. Ciò che potete fare è scoperchiare le vostre ferite, farle respirare e affiorare sulla pelle, guardandole con gli occhi bene aperti.

Conoscere le vostre debolezze è il solo modo per salvarvi.

Siete stati chiamati per nome. Prima di voi, lo sono stati loro, gli Elohi. Hanno immerso le mani nel fiume sacro, pescando monete d'oro per poi seppellirle sotto un albero: non le hanno condivise, né fatte fruttare, ma solo messe da parte. «Sono nostre, ora.» Ingenui. Quando torneranno a scavare, troveranno solo polvere. Guardateli negli occhi. Per scoprire le piume delle sirene sotto i vestiti, per svelare il loro corpo d'uccello, pretendete da loro la verità. Portateli per mano in un campo e fate le domande che vi indugiano in gola, quelle sulla sorgente.

La Terra può fruttificare di nuovo, ora lo sapete, l'avete visto. Non serve rimpiangere il passato, è necessario muoversi verso il futuro, verso il mutamento della forma. Esistono altri luoghi che possono tornare fertili. Mille e mille ancora. Trovateli, e tutto ricomincerà. Ma l'acqua deve correre e bagnare ogni vita, non farsi lago per l'illusione di alcuni.

Potete farlo, ne siete capaci. Ognuno di voi ha attraversato una lunga notte per abitare una nuova alba.

Odisseo incontra le sirene nelle profondità di sé, le stesse dove ora giacete. Il loro canto è assordante. Tra le mani non avete cera per tapparvi le orecchie e nessun albero maestro al quale potervi legare. Perché siete voi, gli alberi maestri, e svettate sull'Arca che porterà in salvo i viventi dal diluvio asciutto.

Buon viaggio, Arcadiani.

Rubedo

43

Edward si sveglia con una forte pulsazione nelle orecchie. Oltre ha parlato. Era tanto che non accadeva e forse non era mai successo con una tale chiarezza, almeno per lui. Deve andare da Alma, subito. Anzi, è strano che non si siano già precipitate nella sua stanza, lei e Luna.

Pochi minuti e il ragazzo è fuori, costeggia veloce gli orti, supera la vasca di pietra e sale due gradini alla volta le scale del palazzo dove dorme Alma. Mentre cammina a passo svelto lungo i corridoi, gli Elohi che incrocia lo salutano e lui ricambia, cercando di non mostrarsi nervoso. Si domanda da quante persone sia composto l'insediamento. Mille, duemila? Probabilmente più dell'uno ma meno dell'altro. Quando arriva alla stanza della ragazza, ha il fiato corto.

«Ehi, sei sveglia?» dice ad alta voce, bussando più forte di quanto vorrebbe.

«Entra, è aperto» risponde Alma. «Ti aspettavo.»

La luce del mattino riempie lo spazio, la presenza di lei lo rende vivo. Com'è bella. I suoi occhi sono buchi neri che collassano inglobando tutto ciò che gravita intorno, persino il tempo, con la loro fame millenaria.

«Anche tu, stanotte...?»

«Anch'io.»

«Va bene» sospira Edward. «E Luna? Perché non è ancora qui?»

«Non lo so.» Alma versa un po' d'acqua in due bicchieri e ne offre uno al ragazzo. «Non lo so davvero.»

Edward lo prende e se lo porta alle labbra. Beve, pur non avendo sete. È una sensazione sconosciuta e meravigliosa, per lui. «Dobbiamo parlare con la triade» dice poi.

«Prima capiamo dov'è Luna.»

La trovano che corre nel campo, sporca di terra, tenendo davanti a sé l'orlo della casacca con le piccole mani, a formare una borsa in cui ha raccolto una manciata di ciliegie. Ha i capelli biondi sudati, appiccicati ai lati del viso per la corsa, ed è circondata da un nugolo di ragazzi che sciama, ammucchiando i frutti colti insieme in un angolo del prato. Luna passa accanto a due di loro, gridando un saluto veloce: ha i piedi nudi e una felicità ignota addosso. Alma e Edward, per la prima volta, la vedono bambina. Lo pensano entrambi, senza dirsi niente. Nonostante lo Sram e l'invidia di Abe, nonostante Corban che sta morendo e sua madre imprigionata nella rete, nonostante la sete e la paura e la fatica e la delusione, *è una bambina*.

Il mondo di Oltre per lei non ha parlato, non stanotte quantomeno, e loro non hanno cuore di dirle nulla, non adesso. Ricambiano il suo saluto. Edward le manda un bacio, soffiandoselo via dal palmo.

«Abbiamo delle domande.»

«Saremo lieti di rispondere.»

La triade è seduta nel giardino dei giochi d'acqua, all'ombra di un enorme salice. Alma e Edward tengono gli occhi aperti nel caso le piume si mostrino, se di sirene davvero si tratta.

«Gli alberi ci impiegano anni a diventare grandi, forse decenni» esordisce Edward. «Anche se fuori non ce ne sono quasi più, so come funzionano.»

«Di solito è così» gli risponde Undici, con quella sua voce così sottile.

«E questi?»

«Sono cresciuti in pochi mesi» continua la donna. «L'acqua di Oltre è un concentrato di luce e di vita, un catalizzatore.»

«E dopo aver nutrito le piante e innaffiato gli orti, quante persone può dissetare?» chiede Alma.

Si aspettavano la domanda: sopracciglia che si alzano appena, movimenti impercettibili intorno alla bocca.

«La sorgente è sufficiente per coloro che vivono sotto la cupola.»

«E noi? Non siamo Elohi» dice Alma. La paura atavica della sete torna a strisciarle lungo la schiena, come un serpente che esce dall'uovo.

«Questo è il vostro posto. È stato Oltre a mandarvi qui» dice Otto con un sorriso.

«E se non volessimo restare? Immagino che ci uccidereste.»

Edward li provoca, non riuscendo a scrollarsi di dosso la loro energia pulsante e morbida.

Otto scoppia in una risata. «E perché dovremmo?»

«Il mondo, fuori, lo farà per voi. Questo pensate» continua il ragazzo.

«Lo stai dicendo tu. Il punto è che siete liberi di tornare alla sete. Nessuno qui vi tratterrà contro il vostro volere. E nessuno vi farà del male. Non è questo il nostro obiettivo» aggiunge Undici.

«E qual è il vostro obiettivo?»

«Far sorgere un nuovo mondo. Di cui vorremmo faceste parte.»

«Un mondo di eletti» precisa Edward.

«Sì, di prescelti. Scienziati, artisti, menti elevate e anime pure che possano prosperare in una terra di nuovo fertile.»

«Qui dentro. Mentre fuori resteranno solo mucchi di cadaveri a riempire le città» continua il ragazzo.

«Se vuoi vederla così...» replica Due.

«Ragionate un attimo» argomenta Otto, alzandosi in piedi con un'imperiosità che non gli hanno ancora visto. «Tutta l'umanità là fuori, tutti quei milioni di persone messe in fila una dietro l'altra: credete che siano in grado di partecipare a questo progetto?»

«Chi lo decide? Voi? L'avete chiesto agli altri?» risponde Edward.

«Gli altri non esistono» sbotta Due. «Oggettivamente, sono solo un cancro per questo pianeta, che non regge più il loro peso. L'hanno depredato, sfruttato fino all'ultima goccia. E quando non ci sarà più nessuno, potremo aprire la cupola e ricominciare.»

«E voi? Cosa vi rende così dannatamente sicuri di non avere alcuna colpa?» Edward sente le piume solleticargli il collo. "Eccovi qui, sirene."

«Noi siamo stati chiamati per nome, siamo stati scelti.» La voce di Undici è sempre sottile, ma taglia come un coltello. «Non possiamo salvare tutti. Abbiamo solo una sorgente.»

Qualcosa, nei volti della triade, impedisce a Edward di dire che non è vero. Oltre è stato chiaro, *esistono altri luoghi che possono tornare fertili*, ma loro... loro non lo sanno. Una luce si accende nel ragazzo, brillando nel centro esatto degli occhi. La chiarezza accecante di ciò che sta accadendo, di ciò che le loro parole significano: "Non sono più connessi con Oltre".

«Se rimanete qui la vostra sete verrà saziata. La sete fisica. La sete di amore. La sete di conoscenza» dice Otto. «Voi non siete uguali agli altri, e lo sapete molto bene.»

Ma Edward non ascolta più il canto delle sirene. La loro melodia meravigliosa rimbalza sulla spuma, perdendosi in mezzo alle onde.

44

Fanno la strada a ritroso, ascoltando il suono dei loro passi pesanti di delusione. Alma non ha più detto una parola da quando la triade ha scoperto le carte. Tiene gli occhi bassi e Edward non ha strumenti per sciogliere la sua tristezza, perché nel petto sente montare una rabbia profonda che cerca di arginare.

È che ci aveva creduto. Visitare i laboratori lo aveva inebriato, solleticando il suo ego, illudendolo di essere indispensabile. “Abbiamo bisogno di te, qui.” Ecco a cosa servivano i collegamenti veloci che gli abitano la mente da sempre, quell’intuire prima degli altri, con un’accelerazione che fonde tra loro concetti lontani. Le sue caratteristiche, in quel luogo, acquisivano senso. Ne avranno altrettanto, fuori da lì? Ma fuori *dove*, poi? Edward è stanco, ha solo voglia di chiudere gli occhi e smettere di pensare.

«Ciao» dice Alma senza sorridere, quando arrivano al bivio del sentiero. Il ragazzo vorrebbe abbracciarla ma non trova il coraggio, così la guarda allontanarsi verso la sua stanza e per un attimo la rivede di spalle, con indosso il giubbino rosso strappato su un fianco, mentre lui e il nonno la osservano immobili dalla porta del garage. "Mi sembra una che sa cavarsela, Ed." Aveva ragione.

Quella notte è la più lunga di tutte. L'alba sembra non arrivare mai, mentre Edward scivola a tratti in un sonno agitato. Intorno a lui cumuli di esseri umani morti di sete, ragazzini con gli occhi muti, senza più vita. Prova a scappare ma non riesce: si ritrova a saltare su una superficie elastica, nella quale affonda i piedi e poi si dà la spinta a braccia alzate, su e giù ogni volta con più forza, con il piano che si incurva sotto il suo peso a ogni discesa. È invaso da un'energia cinetica senza controllo mentre salta due metri, cinque, dieci, poi cento, e all'ultimo salto, quello che lo strappa alla forza di gravità e lo allontana dai cadaveri, sente la testa fracassarsi contro un soffitto trasparente che sembrava cielo ma non lo è.

Ed.

La voce risuona chiarissima nella sua testa.

Non avere paura. Non sei morto. Non ancora.

«Chi sei?»

Edward si rende conto di essere sdraiato sul letto, in un bagno di sudore.

Non mi riconosci?

Sente le palpebre incollate agli occhi e non riesce in nessun modo ad aprirle. Prova ad alzare un braccio:

nulla. È come se tra il corpo e la coscienza ci fosse un'intercapedine che gli impedisce il controllo. In quello spazio, risuona la voce. Una voce conosciuta.

«Pi.»

Lo sapevo che non mi avevi dimenticato. Io non l'ho mai fatto.

Torna il profumo della mattina di Natale, Edward ha di nuovo pochi anni e va a svegliare il nonno, trovandosi di fronte due occhi stanchi da vecchio e una mano calda che lo trattiene, perché non scivoli dalle scale mentre è ancora impastato di sonno.

«Sei davvero tu.»

Sono io, sono io. Anche tu mi sei mancato, Ed. Anche se per uno come me il tempo non ha molto significato.

È un'illusione di bambino, quell'amico che ha sempre tenuto accanto, o è cosa viva? E ora, nel sonno buio della delusione, della strada perduta, cosa significa la sua voce?

«Dove sei stato?» riesce a dire, anche se non sa quale sia davvero la domanda giusta.

Sono sempre stato qui. Solo che non c'era molto spazio, in mezzo a tutti quei numeri. Erano tuoi amici, lo so, ma amici un po' invadenti, se mi posso permettere.

Sì, anche da piccolo lo faceva ridere, in quei pomeriggi infuocati d'estate, mentre il nonno riposava e lui era libero di girovagare nei cortili deserti di Byzan.

«Mi piace la tua voce.»

Anche la tua non è male. Ti sei fatto adulto, hai un

tono più profondo, da uomo. Sei anche molto bello, come tua madre.

Quel nome è sangue coagulato e depositato nel cuore. Quante cose avrebbe da dire, Edward, ma non hanno ancora inventato tutte le parole che servirebbero.

«Sei qui per rimanere?» chiede allora.

Se tu vuoi, se mi lasci uno spazio. Credo che ti sia necessario fare un salto.

Il sogno, la testa fracassata. «Ho sognato che saltavo, ma non finiva bene.»

Solo se rimani in ciò che conosci. Tu usi sempre la stessa superficie, per darti la spinta. Il tuo cervello straordinario, l'unica strada che hai mai asfaltato, sulla quale corri veloce.

«E ce ne sono altre?»

Mille e mille ancora, come i luoghi che possono tornare fertili. Ma sono piene di ciottoli e invase da erbacce. Hai perfezionato ciò che ti veniva semplice, come quasi tutti. Ora…

Il rumore della porta che si spalanca lo fa precipitare di nuovo nel corpo, mentre la luce dell'alba rischiara la stanza. Torna nella sua pelle, apre gli occhi, prende possesso dei muscoli, tentando di recuperare il controllo. Luna gli si getta tra le braccia, piangendo disperata, mentre Edward ancora fatica a sentire altro che il suo cuore impazzito, come un sonnambulo svegliato di soprassalto. Non razionalizza, non riesce, la voce di Pi ancora risuona, potrebbe registrarla tanto gli è rimasta incisa nei nervi. Ma ora ha una bambina che gli sta bagnando la maglia di lacrime e non si ferma, così cerca di tornare presente, fuoriuscendo da un pozzo profondo.

«Mi ha detto tutto» singhiozza la bambina.

«Chi? Chi ti ha detto… cosa?»

«Undici. Loro non vogliono salvare il mondo, la sorgente non è per tutti. Perché Oltre non ce l'ha detto? Perché ci ha abbandonato?»

Dille la verità. La voce di Pi è il sostegno che gli impedisce di cadere.

«Ha avvisato me e Alma.»

La bambina si stacca, fa un passo indietro.

«No, aspetta, Luna, ascoltami. Ascoltami.»

Prendile la mano.

Edward le aggancia le dita, se le porta alla guancia.

«Oltre ha voluto darti ancora un giorno leggero. Ne avevi bisogno. Guarda il tuo vestito.»

La maglia sporca di frutta e terra apre a Luna la strada. Ha capito. A lei non serve mai molto tempo, è una creatura che comprende subito e a fondo. Il nodo duro che le si stava formando all'altezza della gola si ammorbidisce. Edward la abbraccia di nuovo e più forte.

«Andiamo da Alma» le dice. «Prima però bevi un po' d'acqua.»

45

«Io voglio restare.»

Alma li guarda con l'aria di chi si sente colpevole ma non ci può fare niente. La decisione è presa, si vede dalla distanza che mantiene: la notte ha scavato un fossato in lei e lo ha riempito di acqua e coccodrilli. Edward e Luna non hanno aste per saltarlo. E di ponti, in giro, neppure l'ombra.

«Non ti credo» le dice Luna.

Edward cerca di non farsi travolgere dalle sue parole e di restare lucido.

«Alma, ascoltami.»

«No, io voglio restare. Non c'è niente da discutere. Voi potete fare quello che volete.»

Se ne sta immobile sulla poltrona al centro della stanza. I suoi occhi sono feroci e gelidi allo stesso tempo, come metallo rovente immerso nel ghiaccio per farlo indurire.

«Ma hai sentito le parole di Oltre. E anche quelle della triade.»

«Già.»

«E quindi?»

«E quindi niente. Io non tornerò là fuori.»

«Non ti credo» ripete Luna a voce più bassa.

«Smettila di dire così» sbotta Alma. «Credimi, invece. Io ho ascoltato Oltre, sempre. Sempre! E mi sono fidata perché Rubedo aveva detto la verità anche sui miei genitori, sul fatto che se ne volessero andare. Sono stata io a cercarvi, o l'avete dimenticato?»

«Luna l'abbiamo cercata insieme» dice Edward, provando a capire dove voglia arrivare.

«Ma sono stata io a venire da te, prima di tutto. Ho messo in moto questo viaggio e ora lo voglio fermare, almeno per me.»

«Ma perché?» La bambina ha la voce rotta.

«Perché non è giusto» risponde Alma.

«Non è giusto cosa?» le chiede Edward.

«Che Oltre ci abbia guidato fino a qui, che ci abbia nutrito, dato da bere e illuso, per poi chiedere di andarcene. È crudele, assurdo e non ha senso.»

«L'ha fatto per mostrarci come potrebbe essere di nuovo la Terra. E per vedere se noi siamo diversi dagli Elohi, se siamo in grado di condividere ciò che ci aiuteranno a trovare.»

«Condividere con chi?» gli grida Alma. «Con il signor Lee, il proprietario della casa dei miei, che mi ha lasciato in mezzo a una strada? Con tutti quelli che non mi hanno dato del cibo quando lo chiedevo, a mani vuote, in strada? Con i militari ai quali mi sono venduta per avere un po' d'acqua?»

Osserva le sue parole schiantarsi contro il petto di lui, a una a una, come aghi roventi. E rincara la dose.

«Vedi, non sai niente di quello che significa.»

«Probabilmente hai ragione.»

Alma vorrebbe che Edward reagisse, che si arrabbiasse con lei, posando a terra quel maledetto controllo.

«Riesci ancora a guardarmi, ragazzino? Scommetto di no.»

Lui fa un passo in avanti. «Certo che ti guardo» le dice. «Io ti guarderò sempre.»

Il cuore di Alma salta un battito.

«Capisco la tua rabbia. Ma non è un buon motivo per restare.»

«Lo è, invece.»

«Non puoi ignorare le intenzioni degli Elohi» insiste Edward.

«Fanno ciò che possono.»

«Sono dei vigliacchi» sbotta il ragazzo. «La Terra è come un corpo. Non ti tagli via una mano se non serve più.»

«E invece sì, se è necessario a non far ammalare tutto il resto. E poi qui è l'intero corpo che non funziona e non c'è abbastanza acqua per salvarlo tutto.»

Edward si sta innervosendo, le sue parole rimbalzano contro un muro di gomma.

«Oltre non ha dato loro una sorgente perché se la

tenessero!»

«Ma l'acqua non basta! Tu non mi ascolti!»

«Sei tu che non ascolti! Rubedo ha detto che esistono altri luoghi che possono tornare fertili. Possiamo trovarli! La Terra può rinascere!»

«Io non ho intenzione di partire di nuovo, e per di più verso un posto che neppure sappiamo dov'è.» Alma si alza e va verso la finestra, guarda fuori l'acqua scorrere nelle fontane. Tutta quella meravigliosa acqua, che calmerà per sempre la sete. Per lei la discussione finisce lì. Ma Edward non è uno che molla. La raggiunge. Cambia tono.

«Non voglio lasciarti qui.»

«Sono io che decido di rimanere. Non sei tu che mi lasci qui.»

«È la stessa cosa.»

La ragazza si volta e se lo ritrova vicino.

«No, non lo è, Ed. Io ho sempre deciso per me. E adesso non ho più forza, non ho più voglia, non ho più energie.»

La voce di lui è un sussurro. Fa ancora un passo. «Sai chi sta parlando, in te, Alma? La mendicante che ha sempre avuto sete e non può sopportare di averne ancora.»

Quelle parole dette a mezza voce sono un pugno in faccia, per lei.

«Vattene» ringhia.

Ma lui rimane immobile. È così vicino da respirare il

suo stesso fiato, come quella notte lontana, quando l'ha guardata dormire.

«Vattene!» ripete Alma, e lo spinge via.

A quanto pare ci hai azzeccato, gli dice Pi, mentre Alma lo caccia dalla stanza, furiosa come non l'ha mai vista, e gli chiude la porta in faccia.

Luna lo aspetta in corridoio, seduta per terra. Edward non si era nemmeno accorto che li avesse lasciati soli.

«Non è andata troppo bene, eh?» dice lui, cercando di farla ridere. Ma la bambina è triste, così il ragazzo le si accuccia vicino.

«Vieni sulle spalle» le dice.

«Sono grande» risponde lei, ma intanto lo guarda come a dire "sì, sì e ancora sì".

Edward si gira e lei gli si arrampica sulla schiena, agganciandosi al suo collo e stringendogli la vita con le gambe.

«Andiamo.»

«E Alma?»

La domanda rimane a galleggiare nell'aria, senza una risposta.

46

«Li abbiamo sentiti discutere.»

«I due ragazzi di Byzan? O anche Luna?»

«Edward e Alma.»

«Non ricordo i nomi degli altri due.»

«Ci sono stati preannunciati da Rubedo, settimane fa. Durante l'ultima connessione.»

«Poi, più nulla?»

«Nulla. Oltre tace.»

«Loro lo sanno?»

«Certo che no.»

«Fate in modo che non lo sappiano.»

«Tornando al litigio…»

«Ditemi.»

«Alma vuole rimanere. Gli altri due no. Ci basta lei?»

«No, dovete puntare alla bambina. È quella connessa.»

«Lo sono tutti e tre.»

«Lei è diversa. L'ho vista in opera, tenete lei.»

«Se non vuole restare, non possiamo obbligarla.»

«E chi lo dice?»

«Con la forza, non le caveremmo niente di ciò che le indica Oltre.»

«Ci sono vari modi per obbligare qualcuno a dire ciò che sa.»

«Torturare i bambini non rientra nei nostri piani.»

«Giusto, voi preferite farli morire di sete.»

«Siamo dalla stessa parte o no?»

«Lo siamo. Forse mi è venuta un'altra idea.»

La sfera grigia ha un'iscrizione alla base. Alma ci è passata davanti per giorni, eppure non l'ha mai notata, perché quel luogo era sempre affollato di ragazzini che vociavano nella vasca lì accanto. Ma ora la sfera riposa, immersa nel silenzio della notte, e le scale sembrano ancora più bianche alla luce della luna. Alma ha bisogno di pensare. Sente un peso all'altezza dello sterno, come se qualcuno le premesse sulla gabbia toracica, impedendole il respiro. "Sei tu, sei sempre stata tu a bloccare l'aria che si muove, che entra in te e ne esce, per poi rientrare ancora."

Si avvicina fino a leggere la targa. *Le città invisibili.* Ed ecco che l'Ammiraglio torna a lei, vibrante di vita, anche se il suo corpo fisico è distante mille miglia: l'energia di lui le è rimasta addosso come polvere incantata, è una magia chiamata ricordo.

«Devi leggerlo» le aveva detto, mettendole in mano un libro più sottile degli altri.

«Cos'è?» aveva chiesto lei, che era arrivata da poco e lo annusava come fanno gli animali selvatici, senza fidarsi davvero.

«Uno dei miei libri preferiti» aveva spiegato l'Ammiraglio, nel suo completo color salvia.

Alma l'aveva sfogliato.

«Uhm, cos'ha di tanto speciale?»

«Lo scoprirai da sola.»

E da sola lo aveva scoperto in un solo pomeriggio, addentrandosi nelle città che Marco Polo descrive a Kublai Khan, ascoltando i suoni delle strade, delle piazze, dei mercati, segnando con i passi le salite e le discese, nascondendosi a sé stessa, negli angoli dei palazzi.

«C'è tutto il mondo, qui» gli aveva detto il giorno dopo, appoggiando il libro sullo scaffale più basso, senza conoscere ancora l'ordine maniacale in cui l'Ammiraglio teneva la libreria.

«Esatto. O, quantomeno, ci sono tutte le parole con cui possiamo immaginarlo.»

Alma sente qualcosa franare adesso – lei immobile davanti a quella targa – ed è il crinale di una montagna che si stacca tutto insieme dentro il suo petto, rovinando sul terreno sottostante.

"Quando l'acqua finirà, l'Ammiraglio morirà di sete."

Non avrebbe dovuto legarsi a lui. Voler bene a qualcuno non conviene quasi mai. *Spalanca voragini.*

«Ehi.»

La voce è quella di Edward; Alma ha riconosciuto i suoi passi da lontano.

«Ehi» risponde, gettando una corda oltre il fossato.

«Stai bene?» le chiede lui.

«No.»

«Posso fare qualcosa?»

«No, è una cosa mia.»

Rimangono in silenzio per un po'.

«Volevo spiegarti chi è Pi, te l'avevo promesso» tenta Edward, aggrappandosi alla corda con tutte e due le mani. Alma rivede ancora una volta le zucche ammucchiate sopra il carretto di metallo e l'uomo che le trascinava, la notte in cui è andata a cercare Edward.

«Ti ascolto.»

«Quando mio nonno era ancora in Africa, da bambino, aveva un asino che chiamavano Pi. Gli piaceva salirgli in groppa e andarsene in giro, o almeno così mi diceva.»

«Immagino che abbia fatto una brutta fine» commenta Alma.

«Penso di sì. Il deserto si è mangiato tutto, uomini e animali. Ma il suo ricordo era qualcosa che mio nonno si portava sempre dentro. Un asino, pensa. È strano, no?»

«Un po'.»

«Mi parlava un sacco di Pi, da piccolo. Delle avventure che facevano insieme. Penso fossero in gran parte inventate, ma allora non mi importava. Sinceramente non mi importa neppure adesso.»

«Lo capisco» dice Alma.

«Poi a un tratto – avrò avuto otto anni – Pi è diventato una voce vera, o almeno io ho iniziato a sentirlo parlare nella mente. Aveva una sua personalità, mi guidava, mi faceva ridere, mi teneva compagnia. Ma non potevo dirlo a nessuno, mi avrebbero preso per matto.»

«Immagino...» dice Alma. E aggiunge, dopo un po': «Una volta ha parlato anche con me».

Il ragazzo la guarda sorpreso.

«No, in realtà non è che mi abbia proprio parlato. Ma la notte che ho passato nel garage mi ha detto di sdraiarmi vicino a te. E io l'ho ascoltato, non so neppure perché. Per questo mi hai trovato lì, quando ti sei svegliato.»

Se Edward chiude gli occhi, rivede il volto addormentato di lei illuminato dalle luci azzurrognole dell'allarme, la curva del mento, la pelle sottile delle palpebre sotto le quali si agitavano i sogni.

«Ti ho guardata dormire.»

Lo dice di getto, altrimenti quelle parole rischiano di restargli incastrate in gola.

Alma si guarda le mani, ma il suo respiro si fa impercettibilmente più corto.

«Quando?» chiede.

«Quella notte. Per tanto tempo.»

«Davvero?»

«Davvero.»

Voragini.

47

Alma si risveglia con addosso il calore malato di Byzan. Lì accanto, vapori velenosi salgono da uno dei canali di scolo della città. "Era solo un sogno" si dice. "Ma quando è iniziato?" C'erano una bambina cieca, un uomo colorato con una sfera, il sacrificio di una mucca e una rete sotto il mare. C'erano alberi da frutto e una vasca di pietra, un mercato sotterraneo e voci provenienti da oltre le galassie. C'era un giovane uomo con gli occhi verdi, sdraiato al suo fianco.

Le immagini si allontanano veloci e quando Alma si mette seduta già non le ricorda più. Ha le mani sporche. Da quanto non si lava? Settimane. La poca acqua che riesce a rubare non può certo usarla così e i disinfettanti fa fatica a trovarli in giro. Si passa i palmi sulla stoffa dei pantaloni, ma sono ancora più sudici. Meglio pensare a cose più importanti. Ha fame, e soprattutto ha sete. Deve trovare dell'acqua, in fretta.

"Cos'è questo rumore?" Avverte un suono grave

dietro l'angolo di un palazzo. Si guarda intorno per capire se altri lo sentono, ma si accorge di essere completamente sola. La strada è vuota, l'altra riva del canale anche: questo la mette in allerta. Decide di andare comunque verso il rumore, con cautela. Si avvicina al muro e mentre lo costeggia il rombo cresce di intensità, fino a farsi assordante. "Cosa sta succedendo?"

Infine gira l'angolo. Di fronte a lei, una diga. Sa che si chiama così anche se non ne ha mai vista una dal vivo. È un muro che sembra toccare il cielo, dietro il quale è trattenuta una quantità d'acqua immensa. Alma non riesce a vederla ma sa che c'è, perché ne avverte l'odore che riempie l'aria; il suono che sente è quello del fiume che si getta nel bacino, colmandolo fino all'orlo.

Alma si sente piccola, lì sotto, eppure l'istinto di sopravvivenza che le stringe le viscere la spinge a fare un passo e poi un altro. "Ho sete." Ma non riesce a camminare, perché non ha più gambe. E quando si guarda le mani, le trova coperte di piume, così sbatte le ali e spicca il volo. Una sirena, non pesce ma uccello. "Non pensare" si dice, "o non volerai."

Si innalza sempre più, fino a sovrastare l'immenso lago che giace al di là della diga, a sorvolarlo, inebriandosi a quella vista. "Tanta acqua da non avere mai più sete." Scova, memorizzati nel corpo – è stata uccello in altre vite, come tutti –, i movimenti per planare sulla superficie, così si abbassa fino al pelo dell'acqua sollevando qualche spruzzo e poi si immerge, uccello marino. Sente il becco cercare la scia di un pesce, giù, sempre più giù, dimenticando la paura, scordando il corpo e le sue richieste.

Ora è tutta denti e occhi, è una murena, d'improvviso, serpente acquatico, creatura che non teme il buio, si muove sinuosa infilandosi in un tunnel che giace da millenni sul fondo del lago che ora è diventato oceano, mare dell'inizio dei tempi, brodo dal quale è uscita la prima creatura anfibia che ha inaugurato la vita terrestre. Quando esce dalla galleria, quando il suo nuotare si placa, ecco che Alma vede una grotta asciutta, un luogo protetto e sacro nel quale approda alzandosi sulle gambe, nuda come quando è nata, nuovamente creatura umana.

Intorno a lei, specchi che riflettono il suo corpo da tutte le angolazioni. Osserva ogni parte di sé. Anche quelle rotte e imperfette, anche le cicatrici, e sente una nostalgia antica smuoverla. "Ti vedo" dice sottovoce, "io ti vedo", e i suoi sono occhi nuovi, senza giudizio, e le lacrime arrivano a gonfiarli come una marea. Piange, Alma, per tutta la solitudine che ha portato addosso come un vestito e che abitava feroce il suo buio, durante notti che non diventavano mai alba. Quando lo sguardo si fa di nuovo limpido, nello specchio vede un'immagine.

Di fronte a sé, ecco l'imperatrice.

Colma di doni, morbida sui cuscini di seta, con indosso una corona di stelle e lo scettro proteso verso il cielo: Alma sente il velluto sulla pelle nuda.

"Sono io" si dice. "Sono sempre stata io." Nello specchio, riflesso alle sue spalle, si vede il muro della diga. Lei fa un passo e ne sfiora l'immagine con le dita: nel punto corrispondente, sulla pietra, si apre una crepa. Dall'alto fino alla base, ecco una frattura che si allarga in altre e altre ancora. L'acqua preme, trova un varco ed esce, testarda, indomabile, e insieme a lei escono fiori: è la natura che esplode sulle ferite, fino a che il muro non crolla, senza rumore, per sempre, inondando la città di Byzan e tutto il resto della Terra, portando con sé fiori, alberi ed erba bagnata, doni e ricchezza, abbondanza di frutti maturi.

Alma guarda nello specchio e vede il futuro. Quello possibile.

"Non devo per forza rimanere dove altri mi dissetano."

"Sono in grado di trovare una sorgente."

"Per me."

"E per chi ha sete."

Si sveglia di soprassalto: gli occhi cercano le strade di Byzan, trovano il mondo degli Elohi.

Ora è tutto chiaro. Balza giù dal letto e si precipita nella stanza di Edward, spalanca la porta e trova il ragazzo e la bambina avvolti in una foschia di dubbi. Il sorriso che lei indossa basta a disperdere in un istante la nebbia dell'indecisione, perché parla una lingua che lo sguardo di lui comprende immediatamente.

«Vengo anch'io.»

Le sue parole sbriciolano la paura che stringe il petto di Edward, mentre Luna si libera dal suo abbraccio e corre incontro ad Alma, pazza di felicità, stringendola forte.

«Lo sapevo» ride. «Lo sapevo!»

48

«Dove andrete?» chiede Undici, al momento dei saluti.

Alma, Edward e Luna sono accanto alla cupola insieme alla triade. Fuori il deserto è quello di prima, una distesa pietrosa a perdita d'occhio.

«Non lo sappiamo ancora» risponde il ragazzo. È la verità, anche se gli altri faticano a crederlo.

La bambina non riesce a nascondere la delusione. Pensava che quelle creature fossero diverse, così ora sente una corrente fastidiosa attraversarle il corpo. È una rabbia sottile, rivolta verso sé stessa: sa che dovrà rinforzare la sua pelle trasparente, prima di illudersi di nuovo.

Crescerà.

Un ragazzino arriva alle spalle di Otto reggendo i loro vestiti.

«Li abbiamo lavati» dice l'uomo, affidandoli alle mani di Alma. «Con l'acqua. Hanno un buon profumo.»

«E ne abbiamo rigenerato alcune fibre, nei punti più consumati» aggiunge Due.

«Tenete quelli che avete addosso, però, almeno fino alla macchina» continua. «Hanno uno schermo per i raggi solari.»

«Grazie» risponde Alma.

Alcune bambine posano lì accanto i loro stivali puliti. Hanno più o meno l'età di Luna e lei le guarda di sottecchi. Hanno giocato insieme, in questi giorni. Quella con i capelli castani era la più brava a tuffarsi dalla scala. Quando la salutano, alzando una mano o inclinando la testa, lei sente una puntura di spillo all'altezza del petto.

«Vi abbiamo preparato degli zaini termici con cibo e acqua. E non dimenticate questo.»

Undici mette in mano ad Alma il sensore di Tabita. La ragazza lo guarda. L'aveva lasciato in camera? Quella mattina non si ricordava di averlo visto. Forse era caduto per terra?

«Buona strada.»

«Buona strada anche a voi» risponde Edward. Poi, aggiunge, accettando il rischio della sincerità: «Comunque spero che possiate cambiare idea. Quello che ho visto nei laboratori sarebbe di aiuto per tutti».

Otto si limita a giungere le mani davanti al petto, in una sorta di ringraziamento. Poi, a un suo cenno, la cupola si apre, lasciando entrare una folata di vento bollente che non ricordavano più. È un alito di inferno che li inchioda al prima, alla paura, alla mancanza. Per un attimo, sembrano vacillare. Ma restano saldi. Ognuno di loro nel viaggio ha affrontato il proprio demone, l'ha guardato dritto in faccia per poi nutrirlo, facendone un alleato. Sanno di avere una missione da compiere e nelle mani gli strumenti per portarla a termine.

Quando la cupola isola di nuovo gli Elohi dal resto del mondo, un uomo raggiunge la triade camminando lentamente. È Abe.

«Se ne sono andati.»

«Ho visto. Dove avete inserito il rilevatore?»

«Ne abbiamo messi tre» risponde Otto. «Uno per ognuno, negli stivali.»

«Più quello nel sensore della macchina» aggiunge Undici. «Purtroppo non siamo riusciti a inserirlo nel coltello del ragazzo, perché non se ne separa mai.»

Abe si accarezza la barba che gli arriva fino al petto. «Bene. Abbiamo più possibilità.»

«Ma c'è poco tempo.» Nella voce di Due filtra una vena d'ansia. «La nostra acqua è calata ancora, rispetto a ieri. Se continua così dovremo smettere di irrigare l'orto. E avvisare gli altri.»

«Aspetta» ribatte Abe. «Quei tre ci porteranno a una nuova sorgente. Anzi, probabilmente più di una. Basterà per gli Elohi e basterà per lo Sram. È questo il nostro accordo.»

Tabita si avvicina a piena velocità non appena i suoi circuiti captano il segnale.

«Vi trovo molto bene» dice. «Soprattutto tu, vecchia mia, hai un aspetto splendido.»

«Mi sei mancata» esclama Luna.

«Oh, anche tu.»

«Sei in grado di proseguire?» le chiede Edward.

«Sì» risponde Tabita. «Anche se è opportuna una verifica all'impianto di ventilazione.»

«Allora facciamo tappa a Byzan?» chiede Alma. Ha voglia di abbracciare forte l'Ammiraglio. Molto forte. Non dirà niente, ma lui capirà tutto lo stesso.

«Forse è la cosa più saggia.»

«Poi Oltre parlerà» continua Alma. «Lo ha sempre fatto.»

«Io ho una sorpresa» annuncia Luna appena la macchina si mette in moto. Tira fuori dalla tasca un fagotto umido e lo appoggia sul sedile, scostandosi quel tanto che basta perché gli altri due riescano a vedere.

«Cos'è?»

«Non indovinerete mai!»

Sono piccoli semi neri di angurie, mele e pere; noccioli chiari di prugne e albicocche, il più grosso preso da una pesca. La bambina li nomina a uno a uno. Poi semi di pomodori, melanzane, zucchine, e altri che non ricorda. Chissà cosa ne verrà fuori, sarà una sorpresa.

«Ci ho messo un po' di giorni, anzi un po' di notti. Credo di averli presi tutti.»

«Era in assoluto la cosa più intelligente da fare» osserva Edward. «Non mi sorprende che sia stata tu a pensarci.»

«Li pianteremo vicino alle sorgenti che troveremo» dice la bambina. «E una volta che gli alberi faranno frutti, avremo altri semi.»

Alma respira l'aria bollente che Tabita fatica a rinfrescare: la realtà è che al pianeta non resta più molto da vivere. Il futuro di cui parla Luna è allo stesso tempo meraviglioso e lontanissimo, nascosto alla fine di una strada tortuosa della quale non vedono ancora l'inizio, figurarsi la fine. Alma avverte la paura montare con il suono che conosce bene, un allarme basso nel retro della testa. Eppure qualcosa in lei resta quieto come la superficie di un lago senza increspature, perché l'imperatrice le illumina la strada con la sua corona di stelle.

«Buon viaggio a noi, Arcadiani.»

La sete indurisce la terra e la sbriciola come pane raffermo, cotto dal fuoco che ha sciolto i ghiacci e privilegiato il deserto. È il diluvio asciutto. Chi non regge se ne va prima degli altri. Chi rimane si concentra sul passo successivo. Qualcuno prega per la pioggia, qualcuno alimenta la paura, qualcuno si stringe agli altri per non rimanere solo.

E c'è chi costruisce un'Arca.

Indice

Finito di stampare nel mese di febbraio 2023
presso ELCOGRAF S.p.A.
Stabilimento – Cles (TN)